読めば、やせ体質！

女医たちのやせるテクニック

39 FEMALE DOCTORS TELL SLIMMING METHODS

GINGER編集部　編

GENTOSHA

— カバーデザイン —
NATTY WORKS

※

— 文 —
東城ノエル
GINGER編集部

PROLOGUE

はじめに

20～30代の働く女性をターゲットにした女性誌「GINGER」で、常に読者から高い支持を得るのがダイエット企画です。なかでも、女性のお医者さまからの口コミダイエット企画のシリーズは毎回大人気。女医さんたちの、理論のしっかりした健康的な食事法や生活習慣を、多くの読者が参考にし、取り入れ、美しいボディ作りに役立てています。この本は39人の女医たちの実体験に基づくダイエット・アイデア集です。美ボディキープに役立つヒントをたっぷり詰め込みました。ヘルシー・ダイエットのバイブルとして、ぜひ活用してください。

CONTENTS

太らない体を手に入れる
女医式ダイエット成功への8つの金言……11

女医たちが実践している食事法&生活習慣……28

太る元凶、〝便秘〟にならない生活を習慣に……30
東京国際クリニック　消化器内科　宮崎郁子先生

良質な油で余分な体脂肪をしっかり燃やす！……34
都内大学病院　内科　木原まり先生

やせ習慣を生活の一部にして、多忙な仕事と両立……38
神奈川県内クリニック　放射線科　鮫島　華先生

マイペースを徹底！ノンストレスダイエット……42
都内クリニック　歯科　関　有美子先生

ミスコン仕込み！究極のヘルシーダイエット……46
聖路加国際病院附属クリニック予防医療センター
一般、消化器内科　斎藤奈津子先生

細切れ運動と植物の力で、若さもキープ……50
クリニカ市ヶ谷　形成外科　美容外科　土屋沙緒先生

GI値の調整と自己監視で、体脂肪を溜めない ……… 54
カメイクリニック多治見院院長　形成外科　美容外科　亀井千裕先生
生姜の温め効果で体を冷えから守り、代謝をアップ ……… 58
イシハラクリニック副医院長　内科医　石原新菜先生
運動のお供から空腹対策まで、水のパワーを活用 ……… 62
広瀬歯科　歯科　高橋紀子先生
水と、お手軽太もも筋トレで、ほっそり脚に ……… 64
宝塚第一病院　整形外科　金平盛子先生
トマトジュースで美肌を育み、むくみも撃退！ ……… 66
恵比寿やすみクリニック　院長　美容皮膚科　佐藤やすみ先生
食事に必須！ 桑の葉茶で脂肪蓄積を防ぐ ……… 68
銀座よしえクリニック　品川院　院長　美容皮膚科　佐藤彰子先生
毎朝1杯のスムージーで、健やかな美腸に ……… 70
小林メディカルクリニック東京院長・理事　内科　小林暁子先生
ホルモンを操り太らない、1時間100kcalルール ……… 74
湘南美容外科クリニック　美容外科　美容皮膚科　奥村智子先生
酵素を活用した健康的な消化吸収で、やせ体質へ ……… 78
銀座ソラリアクリニック院長　美容皮膚科　西池英里子先生
毎朝必ず摂る良質タンパク質で脂肪燃焼！ ……… 82
ドクターマリクリニック　祖父江千紗先生

満足度を高める、五感で楽しむ時短やせ食 …… 86
昭和大学附属病院　皮膚科　上岡なぎさ先生
シンプル自炊と食べ順調整で、太らず満腹に …… 90
日本医科大学付属病院　形成外科　美容外科　桐生有紀先生
腸を意識して〝ながら運動〟で体幹を鍛える …… 94
ささざわ歯科医院　副院長　歯科　笹澤麻由子先生
食事制限に頼らず産後太りを解消したやせ生活 …… 96
神奈川県内病院　眼科　大島由莉先生
スムーズな代謝で研修医時代の体重増がチャラに！ …… 98
神奈川県内病院　耳鼻咽喉科　秋山理央先生
変動が激しい体重も、ピタッと一定にする筋肉づくり …… 100
国立病院機構西新潟中央病院　小児整形外科　榮森景子先生
結婚式に向けて6kgやせた、オリジナルメソッド …… 102
神奈川県内病院　放射線科　須藤暁子先生
食べ合わせで、体脂肪の増加をブロック！ …… 104
医療法人社団　高輪会　一般歯科　訪問歯科　佐藤美嘉先生
自己管理の徹底がカギ。健康的な食と運動を …… 106
カイレアクリニック銀座　顧問医師
アンチエイジング内科　美容外科　美容皮膚科　黒田愛美先生
不規則な生活で増減していた体重が〝酢〟で安定！ …… 108
都内大学病院　皮膚科　秦 由美先生

体の内外からストレスを制して、やせ体質に　110
英ウィメンズクリニック　産婦人科　生殖医療科　十倉陽子先生

外食によるプチ増量もこわくない、簡単リセット術　112
都内クリニック　歯科　呂 佐和子先生

忙しくてもできる、小ネタの積み重ねで楽やせ！　114
UC San Francisco　消化器内科　今井光穂先生

お酒も外食もOK！メリハリ生活で体重管理　116
医療法人平島会 平島歯科 副院長　歯科　石原真理先生

しなやかな筋肉と温めでかなう、燃焼生活　118
銀座ケイスキンクリニック院長　皮膚科　美容皮膚科　慶田朋子先生

相性のよいメソッドを見極め、長く続ける　120
コバヤシデンタルクリニック副院長　歯科　小林恭子先生

好奇心で、自分に合うやせワザをたくさん発見！　122
総合病院　乳腺外科　法村尚子先生

こまめな歯のお手入れで食欲をカット！　124
東京都庁　シティホール診療所　歯科　口腔外科　高梨紘子先生

食欲と満腹感を無理なくコントロール　126
湘南美容外科クリニック　美容外科　春山 泉先生

脳の働きを活用して食べすぎ防止！　128
さくらライフ錦糸クリニック　精神科　髙木希奈先生

Column

For a Successful Diet

太らない体を手に入れる
女医式ダイエット成功への
8つの金言

Female Doctor
1st
APHORISM

忙しくても、小さな習慣をこつこつ続ければ大きな成果が手に入る

女医たちの生活は超多忙で、ダイエットに長時間割く余裕はまったくありません。でも彼女たちが理想の体型を維持しているのは、忙しくても無理なくできる〝小さな習慣〟を数多く持ち、長く続けているから。それらの習慣は、自然に身についているから、もはや女医自身もやっていることを意識していないほど。そう、ダイエットに必要なのは、労力ではなく持久力。「こんなことをやっていても、すぐにはやせられないよ〜」と思うほど些細な習慣でも、健康的に理にかなっているので、続けていくことで確実に、絶大な美へつながるのです。

FEMALE DOCTOR

2ND

APHORISM

体重管理よりもストレス管理。ストレスはリバウンドを引き起こす敵！

ダイエットをするぞ!!と思いたつと、誰もが摂取カロリーを消費カロリーより少なくしようと、食事や運動のバランスに気をつけます。でも、あまりにもストイックに、生真面目に行いすぎるとはけ口がなくなってストレスが溜まります。ひいては挫折、そしてリバウンドにつながることも。だから女医たちがダイエットを始めるときは、ダイエットが嫌にならないよう、ストレスをコントロールしています。具体的には、スイーツ解禁日をつくったり、思いっ切り体を動かして汗をかいたりするなどのストレス発散法を行いながら、健やかなダイエット生活を送っています。

FEMALE DOCTOR
3RD
APHORISM

〝やせる＝体重を
落とす〟ではない。
緩みのない
引き締まった
ボディ作りが重要

ダイエット中、体重計に定期的に乗って現状を把握することは確かに重要です。しかし同じ体重でも、脂肪でたるんだ体か、筋肉ですっきりと締まった体かでは、見た目の美しさが大違い。無理して体重を落とすことばかりに気をつけるのではなく、鏡を見て自分の姿をチェックしながら、健康的なメリハリボディを目指しましょう。女医たちの間でも、鏡での全身チェックを毎日怠らない人が多数。バランスよく筋肉がつくと体はキュッと引き締まるため、思ったほど体重が減らなくても、結果的に細く若々しく見え、美しさを格上げしてくれるのです。

Female Doctor
4th
APHORISM

キレイがぐっと伸びるかどうかは、〝朝を有効に使えているか〟がカギである

診察、手術、研究と膨大な量の仕事をこなすため、夜になると疲労困憊だというのが多くの女医の共通意見。そのため彼女たちは、美ボディ作りのために朝の時間を大活用しています。早起きして朝日を浴びると、体がすっきり目覚めて、現代女性が崩しがちな自律神経のバランスも整うため、メンタルも前向きに。また、朝はデトックスや栄養の吸収に最適なうえに、体が疲れていないため、エクササイズへのモチベーションも高く保てるのです。このようにいいことずくめの朝こそ、ダイエットにとってのゴールデンタイムといえるでしょう。

FEMALE DOCTOR
5TH
APHORISM

順番と時間と腹八分目を守れば、食事ごとの神経質なカロリー計算は不要

意外にも、「食べたいものは我慢せず食べる」という女医はたくさんいます。それでも太らないのは、食べる順番と時間帯を調整しているから。例えば3度の食事は吸収を穏やかにするために、水→野菜→汁物→タンパク質→炭水化物の順番で摂取。おやつは特に制限しないものの、必ず日中に食べるとか、事前に炭酸水を飲んでお腹を膨らませておくなど。つまり、余計な脂肪が溜まるほどには、カロリーを摂れない食べ方をしているのです。もちろん、お腹が苦しくなるまで食べずに腹八分目を意識することや寝る直前に食べないことも大切。

FEMALE DOCTOR
6TH
APHORISM

腸の健康を意識しない人に、理想の体は手に入らない

多くの女医が、酵素が含まれている食材をできるだけ多く摂り、筋トレはお腹（体幹）を意識して腸を刺激し、水や炭酸水を多く摂ってこまめに調整…と、腸の動きを活発にする努力をしています。そうすることで、便秘や不眠が解消され、自律神経のバランスも整い、効率よくやせやすい体質をつくることができるのです。ダイエットといえば、筋肉や脂肪をコントロールすることばかりを考えがちですが、良質な体をつくるための材料を吸収するのは腸。ダイエットで美ボディを目指すなら、健やかな腸を維持することは必須です。

FEMALE DOCTOR

7TH

APHORISM

よく歩き、よく動き、よく伸ばす…がしなやかボディに通じる

忙しくてジムに通えなくても、運動を諦める女医は皆無です。しかも、彼女たちはほぼ共通して、筋トレ・有酸素運動・ストレッチをバランスよく取り入れて継続。忙しい彼女たちはいつ、どんな運動をしているのでしょう？　例えば起床後に筋トレ、通勤中に早足でウォーキング、クリニックでは階段を使い、診療の合間にストレッチをし、帰宅後は半身浴で汗を流し、就寝前にまたストレッチ…。つまり、フットワークが軽く、無理のない範囲で常にちょこちょこエクササイズ。その小さな積み重ねが、カロリー消費＆体型キープをかなえているのです。

Female Doctor
8th
APHORISM

体型の
コントロールには
「自律神経」
「血糖値」
「代謝」の
仕組みを知る

体の仕組みをよく知る女医たち。効率よくやせるために、その知識をフル活用しています。なかでも気をつけているのが、まず「自律神経」。バランスが崩れると便秘や肥満体質につながるため、特にストレスは溜めないようにしています。次に「血糖値」。急上昇すると糖や脂肪の吸収を促進させるため、空腹時の糖分などの大量摂取は避けます。そして脂肪燃焼にも関わる「代謝」。年齢とともに下がるため、こまめな運動は必須です。これらを知っておくと、ダイエットが漫然としたものにならず、生活習慣が健康的に整うというメリットも！

Female Doctor File

Diet & Lifestyle

39人の女医たちが自分自身のダイエットのために実践している食事法&生活習慣

多忙な生活を送る女医たちが、
美ボディをキープできる理由。
それは、医学的知識に基づく効果的なメソッドのなかから、
忙しい生活にもフィットする
簡単テクニックをたくさん取り入れているから。
まずは、常に〝美しくやせたい〟という意識を持つことと、
体の仕組みをよく考えて行うこと。
そして早く効果が出るように見えても、
決して継続できそうにもない、
苦しい我慢を伴うものは極力避けること。
それらのポイントをおさえた、
女医たちのリアルなやせ生活をご紹介します！

FEMALE DOCTOR FILE

No.01

東京国際クリニック
消化器内科
宮崎郁子先生

太る元凶、〝便秘〟にならない生活を習慣に

20代前半から32歳ごろまで、慣れない仕事のストレスで体重の変動が大きかったのですが、医師として、まず自分自身が健康にならなければとダイエットを決意。自身の専門知識を生かして、消化管機能の働きを活発にする〝快腸生活〟を第一に心掛けてきました。なぜなら、ダイエットの大敵である便秘になると、体がずっしり重くなるし、新陳代謝も低下するから。腸内に溜まるガスのせいで、ニキビや肌荒れを引き起こすことも多いので、便秘を解消することは美容の観点からも重要なのです。

そのために、まず朝食は食べるよりも〝飲む〟メニューに。朝イチは消化器官もフル稼働していない状態なので、しっかり食べるより、野菜ジュースなどでエネルギーチャージすることで、胃腸に負担をかけないようにしています。また、就寝中に消化器官を休ませるために、夕食は寝る数時間前には摂り終えます。未消化のものが内臓に残らないよう、量は腹八分目に。そして、ちょっと太ったかな、と思ったときは、食事をおかゆに置き換えて調整します。おかゆは低カロリーで満腹感を得られるだけでなく、暴飲暴食で弱った胃腸に優しいのもメリット。このように、日々お通じをよくする食事法をどんどん取り入れています。

宮崎郁子先生のやせるテクニック

1 朝は手作り生ジュースで、腸内を活性化

朝食は胃腸に負担をかけないよう固形物を避けて、消化吸収されやすいジュースを手作りして摂ります。材料は、食物繊維やビタミン、そして新陳代謝を高めて脂肪燃焼を助ける酵素を豊富に含む野菜や果物。栄養素を丸ごと摂れるうえに、腹持ちもよく、便通もバッチリ整います。

レシピ（2杯分）は、人参1／6本、りんご1／4個、バナナ1／3本、レモン果汁少々、ハチミツ小さじ1杯をミキサーに。日によってヨーグルトや牛乳を加えることも。

2 勤務中はインナーマッスルを意識

例えば内視鏡の検査では、重い器具を1時間も持ちっぱなし。その間、二の腕などの筋肉をかなり使いますが、さらに背筋をピンと伸ばして腹式呼吸する〝ながら〟運動をしています。腹筋力が低下すると、便を押し出す力が弱まり便秘になりやすくなってしまいますが、お腹に力を入れるだけでも腸にほどよい刺激を与えられるのです。

3 昼食はバランス重視で午後のエネルギー充填

検査のため時々食べる入院患者用の食事は、野菜や魚が中心で栄養たっぷり。ある日の献立は、ご飯、白身魚フライのきのこあんかけ、大根の煮物、ブロッコリーサラダ、野菜ジュースで678kcal。昼をしっかり食べないと仕事にならないので、量は減らしません。便通を促す食物繊維を豊富に含むきのこ類や大根は、低カロリーの優秀食材。食物繊維は加熱しても失われないのでたくさん摂るには煮物などにするのがおすすめです。

4 お腹が空いたら「緑効青汁」で食物繊維補給

空腹は、診察の合間に水分補給でごまかします。腸内環境を整えてくれる3大要素、食物繊維・乳酸菌・オリゴ糖が含まれている緑効青汁をデスクに常備して飲んでいます。

5 お酒は発泡性のシャンパンで腸を刺激

摂取カロリーを考えてお酒は2杯まで。少量でもお腹が膨らむシャンパンなら、血行を促進させて便秘やむくみ解消に働くカリウムを含み、また疲労回復効果もあります。

FEMALE DOCTOR FILE
No.02

木原まり先生

都内大学病院
内科

良質な油で余分な体脂肪をしっかり燃やす！

患者さんでも、水分の摂りすぎや冷えなどにより腸の働きが弱っている人をよく見かけるのですが、やせ体質の基本は腸の健康。私も、代謝の低下を招く内臓の冷えには特に注意して、夏でもホットティーや根菜、玄米などの温め食材を摂っています。そして、食事量は腹八分目にすること。加齢とともに新陳代謝も落ちていくので、腸に負担をかけない量と内容にすることがポイントです。

また、同時に意識しているのが、腸で吸収される油の種類。常温で固まるバターやラードなどは飽和脂肪酸とよばれ、体に溜まりやすいので極力避けます。逆に、不飽和脂肪酸のオメガ3とよばれる魚油や、シソ油、アマニ油などは、腸の働きを助けて脂肪の代謝を活性化するため、積極的に摂っています。私自身、肉類や揚げ物をできるだけ食べないようにして、よい油を加熱せずに摂っていたら、1年で5kgもダウンしました。

あとは、頑張りすぎないことですね。やせることで頭がいっぱいのストイックな生活は、心も肌も荒れさせますし、便秘や暴飲暴食を引き起こすことも。食事・運動・睡眠の規則正しい生活を心掛けながら、あえてゆったりと構えて、ストレスを溜めないようにしています。

木原まり先生のやせるテクニック

1 朝は常温の水で、胃腸を冷やさず活性化

人間は寝ている間にかなり汗をかくので、朝の水分補給はとても大切。その水分で同時に胃腸の働きを刺激して、食べ物の消化吸収を助けながら便秘も予防します。ポイントは、水を必ず常温にして体を冷やさないこと。その後、飽和脂肪酸を含むバターを使っていないベーグルに、良質な不飽和脂肪酸のオメガ3を含むスモークサーモンを挟んで朝食に。デザートにはヨーグルトとフルーツをいただき、腸をさらに整えます。

2 タンパク質豊富なランチで、筋肉の材料をチャージ

昼食は、カロリーよりも栄養バランスを重視。低脂肪で良質なタンパク質が摂れるチキンや魚介類と、代謝をサポートする酵素を含む野菜、玄米などをセットで選びます。休憩には、紅茶、豆乳、スパイスといった、体内を温める食材が入ったスターバックスの〝チャイティーソイラテ〟をお供に。動物性脂肪が含まれておらず、優しい甘さで体と脳の疲れも癒やされます。

3 診察の合間に、座ったままウエストひねり

勤務中は夏も冬も足元から冷えやすく、座った姿勢で前のめりになりがちで、筋肉も萎縮している状態。そこで診療の合間にウエストをひねり、大きな筋肉を動かします。全身の血行が促進され冷えが和らぐうえに、脇腹の引き締めにも効いている気がします。

4 通勤中の大股ウォーキングで有酸素運動

通勤時は、なるべくひと駅分歩きます。背筋を伸ばして大股でガンガン早歩きすれば、腹筋や背筋も同時に鍛えられます。有酸素運動は20分程度で脂肪燃焼が始まるとされるので、なるべくそれ以上を目安に歩くこと。毎日ではなく、週3日でも効果的です。

5 サルサのレッスンで、カーヴィーなボディを育成!

月に数回はサルサダンスのレッスンへ。ウエストのくびれや、キュッと上がったヒップをつくる動きが多いのが魅力です。基本姿勢がやや前傾なので、インナーマッスルのトレーニングにも最適。腰を回す動きでは、こわばった骨盤周りも柔軟になります。

Female Doctor File

No.03

神奈川県内クリニック
放射線科
鮫島 華先生

やせ習慣を生活の一部にして、多忙な仕事と両立

勤務時間は、早朝から夜遅くまでと長く、休日は週1日という忙しい日々。それでも体型を維持できている理由は、わざわざダイエットをするのではなく、短い時間でもできるワザを生活に組み込んでいるから。ポイントは、とにかくいろいろ試してみることです。すると、難しいものはやがて淘汰され、自分に合う簡単なものだけが自然に残って、無理のない習慣になっていきます。

そのなかで、私が特にこだわっている習慣が、食材選びです。消化しやすく低カロリーで栄養のある野菜・魚を中心にして、炭水化物は摂りすぎないようにします。また、加齢とともに基礎代謝量は落ちていきますし、消費カロリー以上に食べれば当然太るので、食事量は腹八分目にしています。それでも栄養バランスはとれているので、満足感も十分に得られますし、健康的にやせられました。

とにかく、何をするにしても、ストレスフリーを心掛けること。ストレスはリバウンドや便秘のもとになるので、日々プラス思考で過ごします。同時に、規則正しい生活を送ることも大切。食事・運動・睡眠の生活リズムが整えば、体の働きも正常化し、やせやすくなることを実感しています。

鮫島 華先生のやせるテクニック

1 起床後すぐのストレッチで、ボディを目覚めさせる

朝起きたら、テレビのニュースを見ながら腕を伸ばしたり、脚を広げて股関節の筋肉をほぐしたりします。代謝が上がり、少しの運動でもエネルギーを消費しやすくなります。

2 お手軽レモン水で、腸を活動モードにシフト

ストレッチが終わったら水分補給。水に市販のレモン100％果汁を適量混ぜたレモン水をコップ1杯分ぐっと飲み干します。酸っぱさで体がシャキッと目覚め、腸も活動モードに！　レモンには中性脂肪値の上昇を抑えるポリフェノールや、代謝を上げるクエン酸が含まれるので、普通の水を飲むよりも体を健康に導いてくれます。

3 勤務中は、ヒザかけ＆温かいお茶でむくみ撃退

仕事中はパソコンの前からほとんど動かず、体が冷えがち。新陳代謝が下がってむくみやすく、体重も落ちにくくなるので、ヒザかけとハーブティーで体の内外から温めます。

4 夕食は魚介&野菜のみのメニューを自炊

油や糖分の量を把握するため、夕食は基本的に自炊です。炭水化物は、摂りすぎると脂肪として体内に蓄積されるので、活動量が減ってカロリーを消費しきれない夜は摂りません。代わりに大好きなお酒は我慢せず、ストレスを溜めないようにしています。

5 毎日必ず、入浴前に腹筋ローラー10回!

四つん這いで手で持ったローラーを前後に10回転がして、軽く汗を流してからお風呂に入ります。キツいけど、これをやらないと、翌朝体が重くて動けません。腹筋を鍛えるだけでなく、血行を促進して胃腸の働きを高めてくれるので、便秘解消にも効果的です。

6 香りを使い分けてリラックス&食欲セーブ

翌日に向け、香りで自分をリセット。グレープフルーツの香りは、食欲抑制や、脂肪分解・燃焼に効果があるといわれる成分〝ヌートカン〟を含むので、ボディソープで堪能。そして寝る前はバラのミストをベッドにふって、リラックス効果を高めます。

FEMALE DOCTOR FILE

No.04

関 有美子先生

都内クリニック 歯科

マイペースを徹底！ノンストレスダイエット

学生時代、雑誌の読者モデルをしていたときに、無理なダイエットや生活の乱れから生理がこなくなったことがありました。そこから復活したときに体で知った自分のベスト体重が、健康＝キレイの源なのだとわかったので維持しています。

さらに、実家を離れて自分で食事を作るようになると、体調がよりよくなりました。学生時代よりも規則正しい生活になったことと、その日、自分の体が食べたいと欲している食材で夕食を作ってゆっくりと食べるなど、マイペースで過ごせているのがいいのかもしれません。太りたくないからといって、無理に食事量を減らすのは気分が滅入るので、体の活動量に合わせて朝３：昼５：夜２の割合を意識します。ただ、21時以降は何も食べないようにしていて、食欲が出てきたら歯磨きでごまかします。

メンタル面では、美のモチベーションを大切にしています。メイクでもスキンケアでも、向上心がなくなったら、美の成長はありません。そのために、鏡は常にピカピカにして、自分の状態に敏感でいるようにしています。曇った鏡を見ていると、それに慣れてしまい、日々更新しているキレイの見分けができなくなるからです。これも、ストレスを溜めないように、疲れすぎない範囲で行っています。

関 有美子先生のやせるテクニック

1 週5日は手作り弁当で食バランスを調整

昼食は基本的に弁当を持参。品数を多くすることにこだわって、冷蔵庫にあるもののなかから、魚や野菜をメインに作ります。例えば、ある日のメニューは蒸しコーン、きのこのマリネ、麻婆豆腐、茹で卵。また別の日は、ジャガイモと明太子のマヨネーズオーブン焼き、キャベツとツナのケチャップ炒め、ネギポン酢。油を極力使わず、栄養たっぷりにバランスよく仕上げます。診察が忙しくなかなか時間をゆっくりとれないランチタイムも、弁当なら外出する必要がないので、有意義に過ごせて一石二鳥です。

2 肩こりや背中の滞りは、当日中にリセット

仕事柄、首から腰へかけて相当こるので、毎日すぐにケアします。使っているマッサージ器〝中山式快癒器〟は、嫁入り道具として持参しました。お風呂上がりで全身の代謝がアップしているときに、首、背中、腰、足の順に、上から下へ移動させて代謝を促します。手が届きにくい背中も、床に置いてその上に寝るだけなので楽です。

3 空腹だましと美肌維持のためにプルーン

食物繊維や鉄分の多いプルーンや、腸内環境を整えるのにいいヨーグルトを間食にセレクト。空腹が満たされて、腸の動きもよくなり、体の内側からキレイになれます。

4 帰宅後、1時間の散歩で日中の座り姿勢を矯正

仕事から帰ると、愛犬とともに近所をゆっくり散歩してリフレッシュ。続けていて下半身に筋力がついたのか、全身が軽くなり太りにくくなった気がします。

5 夕食後にお腹が減ったら即、歯磨き

食欲が収まります。外出時も電動歯ブラシ、歯磨きジェルなど一式を携帯しています。

6 就寝中はむくみ排除を万全に

座り仕事でむくみやすく、夕方には脚がパンパンなので、着圧ソックス〝寝ながらメディキュット〟をはいて寝ます。ロングタイプで脚全体をしっかりケアします。

Female Doctor File

No.05

斎藤奈津子先生

聖路加国際病院
附属クリニック
予防医療センター
一般、消化器内科

ミスコン仕込み！究極のヘルシーダイエット

ミス・ユニバース・ジャパンの2005年ファイナリストだった経験を生かし、今でも当時のメソッドで、理想の体型をキープしています。

ただ細いだけの体は、美しいとはいえません。目指すは溌剌として健康的で、女性らしいボディライン。そのために、バランスのよい食事と運動を続けることが大切です。生まれつき太らない体質と思われがちですが、実は両親とも太りやすい家系。私にもその傾向はしっかりあり、妊娠中は友達が見ても誰かわからないほど激太りしたこともありました(笑)。でも今は、日々の運動と栄養バランスで体質を変えたので、たくさん食べても太りません。

コツは、自分に対して飴と鞭を使い分けること。例えば、トレーナーの徹底指導付きワークアウトで体を厳しく鍛えながら、それだけだと辛くて挫折しそうになるので、ご褒美も与えます。ただ、そのご褒美もスイーツを食べるなどではなくて、エステや温泉のような、美につながることにします。また、困ったら、ミス・ユニバース・ジャパンの元ナショナルディレクター、イネス・リグロンに相談します。私のママ的存在で、今でも仲よく、いろいろなアドバイスをもらっています。

斎藤奈津子先生のやせるテクニック

1 筋肉をまんべんなく鍛えて、こまめに血行促進

まず上半身は、貧相になると女性らしさが失われるため、筋トレで鍛えます。腹筋50回と腕立て伏せ50回を毎日の習慣に。一方、下半身は往復40分の徒歩通勤でシェイプアップ。ちりも積もれば…で、カロリー消費量も侮れません。

2 優秀食材を、種類豊富にバランスよく食べる

朝食は素材の種類を多くして、栄養バランスをとりながら満足度も上げます。1食分は例えば、エネルギー源のトーストのほかに、整腸を促すヨーグルト、筋肉の素であるタンパク質の供給源として豆乳、酵素やビタミンを補給する果物5種以上、抗酸化作用の強いトマトのサラダ、良質の油を摂れるナッツ、食物繊維の豊富なシリアルをすべてセットに。

夕食は、毎日10種の温野菜で体を温めます。それに雑穀ご飯とお味噌汁、低カロリーの焼き魚が定番で、さらにさつま揚げなどの好物を添えます。カフェインやアルコールはゼロ。野菜は硬めに調理して、よく噛んで満腹感を促します。

美腸をサポートする発酵食品は、やせ体質をつくる

やせ体質の源は〝美腸〟であることを知っている女医たち。だからこそ、腸に対して有益な働きをする善玉菌を効率よく摂取できるよう、毎日の食事にちりばめています。この善玉菌をたくさん抱えているのが発酵食品。日本には数多くの発酵食品があり、それぞれの利点も異なります。彼女たちが腸内環境のために積極的に摂っている5つの発酵食品を紹介。日々の食生活に取り入れてみて。

▼ヨーグルト　商品ごとに乳酸菌の種類が異なり、相性のよし悪しは人それぞれ。まずは2週間試してみて。疲れにくくなったり寝起きがよくなったりといった体調の変化を観察。

▼チーズ　カルシウム、ミネラル、ビタミン、タンパク質、脂質など栄養素のほとんどを含む完全栄養食品。摂取した脂肪を燃焼させ、体に蓄積させないビタミンB_2も豊富。

▼味噌　メラノイジンという食物繊維に似た働きをする成分が善玉菌を増やし、腸内環境を整えます。味噌に含まれるサポニンは脂肪の吸収を抑え、老廃物のスムーズな排出を促します。

▼納豆　納豆菌にはほかの善玉菌を増やす働きがあり、腸内環境を整えてくれます。納豆に玉ねぎ（オリゴ糖）を混ぜてポン酢（グルコン酸）をかけると整腸作用がグンとアップ。

▼漬物　ぬか漬けなどに含まれる植物性乳酸菌は、日本人の腸に合うといわれています。アミなどの塩辛を加えるキムチは動物性タンパク質も豊富。

FEMALE DOCTOR FILE
No.06

クリニカ市ヶ谷
形成外科　美容外科
土屋沙緒先生

細切れ運動と植物の力で、若さもキープ

妊娠中に太ってしまい、出産後、抗加齢医学会に入ったのを機に、若さを保ちつつキレイにやせようと決意しました。

そこで気をつけたのが、筋トレで成長ホルモンの分泌を活性化させて、有酸素運動で代謝を上げること。とはいえ、仕事と育児で忙しくてジムに通う時間はないので、運動は家事の合間や病院内の移動中など、普段の生活のなかで細切れに行っています。内容はウォーキングから始まり、ヨガや流行のエクササイズまで多種にわたりますが、無理はせず、できる時間に少しずつ。それでも合計量が多くなるほど効果は出るはずと、隙あらば動くようにしていたら、1年で妊娠前よりも6kg以上減りました。

しかも、運動は基本的に室内で行っているので、ムダな日焼けをせずに済み、結果的に美肌を保つこともできています。

食事も、美しくやせることを意識して、〝フィトケミカル(植物栄養素)〟を含む野菜を多く摂っています。フィトケミカルには、トマトのリコピンや、ブロッコリーのスルフォラファン、ブルーベリーのアントシアニンなどさまざまな種類があり、抗酸化力が高いのが特徴。やせながらアンチエイジングもできるという、うれしい効果があるのです。

土屋沙緒先生のやせるテクニック

1 移動中は、常に呼吸ウォーキングで燃焼！

ただ歩くのではなく、心拍数を上げてしっかり酸素を取り入れながら、消費カロリーをアップさせます。通勤中はヒールを履いて、姿勢を正して早足で。筋肉も鍛えられて、脚のラインがキレイになります。また仕事中は、オペ前などエレベーターが混んでいたら、6階のオペ室まで階段を使います。急ぐときは、2段飛ばしで上ることも。

2 4種のエクササイズで、筋肉バランスを調整

女性らしいボディラインが効率よく手に入る運動を選んで、こまめに行っています。

◆トレーシーメソッド…上半身の筋トレに。デコルテのハリもアップします。

◆カーヴィーダンス…年々落ちにくくなるお腹周りの脂肪燃焼や、ヒップアップに。かなり疲れるので、夜ぐっすりと眠れるのもメリット。

◆ヨガの肩立ちポーズ…朝行うと血行が促進されて、頭も体も活動モードに。

◆踏み台昇降運動…下半身の強化や、太ももの引き締めに効果大。

水溶性の食物繊維で腸のクリーニング

食物繊維を摂れば、腸内環境が良好になって便秘も解消される…と単純に思いこんでいたら、もしかしたら痛い目に遭っちゃうかも。食物繊維のなかでも不溶性のものは水分を吸って大きく膨らみ、便のかさを増やすことで腸のぜん動運動を促しますが、便秘ぎみの人はお腹が張って苦しくなることもあるよう。だから女医たちは水を含むとゲル状になり、便をやわらかくしてくれる水溶性食物繊維の豊富な食材を意識的に摂っているようです。便秘ぎみな人は、次にあげる食材に注目してみて。

▼里芋　独特のぬめりの正体は、タンパク質、多糖類のガラクタン、食物繊維のマンナン。塩分の摂りすぎを抑えるカリウムも多く含まれているので、むくみの防止にも効果的といわれています。

▼オクラ　ネバネバしているのが、水溶性食物繊維のペクチン。生よりも茹でたほうがペクチンの吸収率がアップ。納豆と一緒に食べるとぬめり効果が倍増し、栄養バランスも高まります。

▼アボカド　森のバターと称されるとおり脂肪分が多いので、便の潤滑油になります。脂肪分の主体となっている不飽和脂肪酸は、血液をサラサラにしたり、コレステロールを減らしたりする働きも。

▼人参　抗酸化力のあるカロテンや貧血&疲労回復に効果のある鉄分が豊富。カロテンは皮の近くに多く含まれているので皮ごと使いたいところですが、アクがあるので薄くむいて。

FEMALE DOCTOR FILE
No.07

カメイクリニック
多治見院院長
形成外科　美容外科
亀井千裕先生

GI値の調整と自己監視で、体脂肪を溜めない

緊急手術後に夜食を食べる習慣で激太りした外科時代の生活を改めるべく、たどりついたのがGI値(血糖値)をコントロールするダイエットです。

これは、同じカロリーでも、精製されている小麦粉を使ったパンやスイーツなど、血糖値を急激に上げて脂肪として蓄積されやすいものは避けて、一般的に低GI値といわれる食材を選ぶようにするもの。そのため、自炊は和食が中心で、炭水化物は基本的に胚芽などの食物繊維を含んだものをセレクトしています。そうすると、ダイエット中にありがちなひどい空腹感がないので、三度の食事もたくさん食べずに済みます。どうしても高GI値のものを食べたいときは、1日だけと決めて翌日に調整すれば大丈夫。これを半年続けて、外科時代の体重増を無理なく解消できました。

同時に、生活習慣でもダイエットをサポートするようにしています。例えば、洋服は細身のものを選ぶこと。これは体型の変化を素早く察知できて早い段階でダイエットを始められるので、リカバリーが楽になるメリットがあるんです。また、体重もこまめにチェックします。雑誌より軽いコンパクトな体重計を、出張や旅行にも持参。とにかく、自分で自分を監視することが重要だと思っています。

亀井千裕先生のやせるテクニック

1 食べて飲んで、溜めない健康食生活

低GI値の食品を選びながら、脂肪・老廃物・ストレスの3大悪要素をすっきり流すように心掛けています。朝は忙しいので、お手軽メニューで腸内整備。野菜&果物ジュースで食物繊維を、豆乳でタンパク質を、シリアルで満腹感と腹持ちをカバーして、体力勝負のオペに備えます。夜は低カロリーの和食を自炊。例えばある日のメニューは、豚肉の豆乳煮、だし巻き卵、季節野菜の煮物、生姜ご飯、お吸い物。添加物を避けてだしも自分でとり、旬の野菜を使うことでおいしく仕上がるので、より幸せな気分でいただけます。

また、お通じがよくなるので、硬水の炭酸水を愛飲中。何種類か買い置きして、味の違いを楽しみます。気分がすっきりするし、炭酸でお腹もいっぱいになります。

2 定期的な運動は、心の爽快感も重視

診療の合間に、腰、腕、脚と、その場でできるストレッチをこまめにしてリフレッシュ。また、岩盤浴や岩盤ヨガで代謝を上げて汗をかき、むくみ対策をしています。

女医たちの 太らない食事学 vol.3

溜め込まない体のため、サプリメントを上手に活用

太らない体質を手に入れるためにも、摂取すべき栄養素の吸収と摂りすぎたときの排出ができる環境を常に整えておくことが大切。食事だけで調整するのが理想だけど、実際には難しいところも。だから、女医たちはライフスタイル、体調の変化に合わせて賢い栄養補助食品&サプリメントを活用しています。

▼油吸収抑制系 桑の葉エキス、タマリンド、いんげん豆、クローブ、ギムネマ…など古くからある健康成分、そしてハーブ。これらには脂質、糖質といった体型が崩れる要因となる栄養素の蓄積を防御し、排出する効果が‼ 食べる前に飲んだり、毎日摂取を続けていくことで巡りのよい体に導かれます。

▼運動サポート系 体を動かして代謝を高めていくまでには、それなりの時間が必要。それを楽に、効率よく行うにはカプサイシンやアミノ酸などが入ったサプリ&ドリンクを投入すれば、美ボディは確実に手に入るのです。

▼代謝アップ系 代謝や老廃物排出といった機能は、年齢とともに低下。それを底上げするためには血液の質を改善し、巡りをスムーズにするカプサイシンやL-カルニチンといった成分を摂ることが大切。結果、代謝のよい体内環境が整い理想の体型維持も可能に。

▼便秘解消系 ストレスや食生活の乱れなどで腸内環境のバランスが崩れて引き起こされる便秘。ビフィズス菌や乳酸菌などの天然成分や、注目されている〝酵素〟といった自然のパワーを取り入れると、腸の機能は活発に。

Female Doctor File

No.08

イシハラクリニック
副医院長
内科医

石原新菜先生

生姜の温め効果で体を冷えから守り、代謝をアップ

クリニックでは、漢方と生活療法で、肥満を含むさまざまな疾病改善の指導をしています。現代人には、運動不足で汗をかかないのに冷たいものを摂りすぎて、体に水分を溜め込んだ〝水毒〟の方が多いんです。水毒の状態では、体が冷えて代謝も低下し、太りやすくなるだけでなく、肌が荒れたり老けたり、気分が優れなくなったり、さまざまな不調をきたしてしまいます。

それを防ぐために私が取り入れているのが、温め食材の生姜。摂ると血行が促進されて代謝がよくなるので、脂肪が燃えやすい体質づくりに役立つんです。寒い冬はもちろんのこと、夏もエアコンなどで冷えるので、1年中フル活用しています。

コツは、生姜を皮ごとすりおろして使うこと。生姜に含まれる温め成分、ジンゲロールは皮に多いので、より効果が得られます。

摂り方で特におすすめなのが、生姜を普段飲んでいるドリンクに入れること。生姜は、紅茶やハーブティーなどの温かいドリンク、ジュースや炭酸水などの冷たいドリンクのどちらとも相性が抜群です。もちろん料理にも使いやすいので、飽きることなく、一日中体を温めることができます。

石原新菜先生のやせるテクニック

1朝はホットドリンク&生姜

朝起きたら、紅茶1杯にすりおろした生姜をスプーン1杯程度と、黒糖を少し入れていただきます。ぽかぽかと血行が促進されて、体がすっきり目覚めます。黒糖の優しい甘みが、生姜の味を和らげてくれるので飲みやすいんですよ。

2食事にも生姜を幅広く使う

夕食によく登場するのが、生姜の漬物です。さっぱりと食べやすい甘酢漬けや、まろやかな味噌風味のものなど、辛味が少なく他の料理に合わせやすいものを、日によって何種類か食べ分けています。もちろん、生の生姜も料理に活用します。豚肉の生姜焼きは、定番メニューのひとつです。

3冷たいドリンクは生姜と食前に

基本的に温かいドリンクを飲むようにしていますが、暑い夏など冷たいものを飲みたくなったら、体を冷やさないように工夫します。

よく作っているのが、ペリエなどの炭酸水に、ハチミツと生姜の搾り汁を加えたジンジャーエール。冷たくても、生姜入りなら体は温まるので安心です。また、食前に飲むことで、飲んだあとに食事で胃腸をさらに温めることができます。

4 腹巻きで、体の外からも温め

内臓(腹部)が冷えると末端まで冷えが進行し、燃焼効率の悪い体になってしまいます。そこで、私が活用しているのが腹巻き。仕事中でもプライベートでも就寝中でも、24時間着用して温めています。

5 コロコロツールでリンパを促進

手でコロコロ転がす、表面に凹凸のついた小さいマッサージ器を愛用しています。リンパの流れが促されるので、基礎代謝もアップ。気持ちがいいのでこまめに使って、気になる脚のむくみなども解消しています。

Female Doctor File
No.09

高橋紀子先生

広瀬歯科歯科

運動のお供から空腹対策まで、水のパワーを活用

美しくやせるには、運動を習慣化させることがマストですが、同時に体内の巡りをよくすることも大切だと考えています。そこで私が行っているのが、水を1日に2ℓ飲むこと。普段から、ストレッチやウォーキング、筋トレなど無理のない範囲で体を動かしていますが、その運動前後に必ず水をたっぷり補給しています。

ほかにも、仕事中に空腹を紛らわせたり、半身浴のときに補給したり、間食前に飲んでお腹を膨らませることで大食いを防いだりと大活躍。意識して飲むようになってから、内側からキレイな体になれたような気がします。

水は、飲んだ量を把握できるように、必ずペットボトルで用意しています。持ち運びもしやすいので、家の中でも職場でも、身近に置いておきます。

水ばかり飲んでいると飽きるのでは?と思われがちですが、それも心配無用。さまざまなブランドの水を飲んでみると、味が全然違うので、飽きずにずっと楽しめるんです。また、水と炭酸水を飲み分けることでも、メリハリをつけています。お気に入りは、硬度が高めのものならペリエとゲロルシュタイナー。比較的飲みやすいものならサンベネデット。どれもすっきりした飲み心地で、気分も爽快になります。

FEMALE DOCTOR FILE

No. 10

宝塚第一病院
整形外科

金平盛子先生

水と、お手軽太もも筋トレで、ほっそり脚に

勤務中はオペで立っている時間が長く、どうしても脚がむくみがち。そこで、体の巡りをよくするために心掛けているのが、こまめな水分補給と、太ももの筋トレです。

まず水分補給は、できるだけ1日のなかでこまめに行い、体内に不要なものを溜めないようにします。朝起きてすぐにコップ1杯飲んで体を目覚めさせ、日中は500㎖のペットボトルを1本、夜はコップ2杯程度飲んでいます。

お水の種類も今やさまざま。せっかくの習慣なのだから、おいしくてミネラルバランスもよいブランドをセレクトしています。お気に入りは、日田天領水。数年前に、友達からすすめられて飲み始めたのですが、とってもおいしいんです。

次に、太ももの筋トレは、脚のむくみを感じたら、その都度こまめに行うこと。やり方は、座っているときや寝ているときに、ヒザ下に枕やたたんだタオルを置き、それをつぶすように、床に向かって太ももに力を入れるだけ。大腿四頭筋が鍛えられ、太ももが引き締まるだけでなく、O脚予防にもなるんです。

このように、簡単で、時と場所を選ばない習慣を身につけることが、理想の体型や、健康づくりには大切だと思っています。

FEMALE DOCTOR FILE
No.11

恵比寿やすみクリニック
院長
美容皮膚科
佐藤やすみ先生

トマトジュースで美肌を育み、むくみも撃退!

私にとってキレイな体づくりに欠かせないのが、トマトジュースです。トマトには、抗酸化作用の高いリコピンが含まれるため、肌の老化を防ぎ、また悪玉コレステロールの酸化も抑えてくれます。なぜジュースで摂るかというと、生のトマトよりも、リコピンを効率よく摂取できるから。忙しいときにも手軽に摂れるので、朝食は毎日トマト入りの野菜ジュースで済ませています。

トマトジュースは、もちろんダイエットの観点からも優秀です。まず食物繊維がたっぷり摂れるので、腸内環境が整い便秘が防止できます。また、カロリーが低いのに満腹感はしっかり得られるので、間食代わりにもぴったり。私は、アマニ油を数滴とすりおろした生姜をたっぷり入れて、電子レンジでチンしてスープ感覚で飲むこともあります。生姜の温め効果で体がぽかぽかして、代謝が上がったことを実感。亜麻仁油はトマトのリコピンやβカロテンの吸収を助けてくれる働きもあるんです。

さらに、無塩タイプのトマトジュースを選べば、カリウムを豊富に摂ることができます。カリウムには、体内の塩分を排出してくれる働きがあるので、むくみ解消の効果が。むくみを感じる夜に飲んでおくと、翌朝すっきりしますよ。

FEMALE DOCTOR FILE

No.12

銀座よしえクリニック

品川院院長

美容皮膚科

佐藤彰子先生

食事に必須！
桑の葉茶で
脂肪蓄積を防ぐ

職業柄、美しさに関しては皆さんのお手本でなければならないので、それがよい意味で自分へのプレッシャーになっています。ただ、見た目が細くても、健康的でなければ美しいとはいえないので、体に悪いダイエットはしません。忙しくても、毎日7～8時間の睡眠は確保。玄米と野菜たっぷりの食事を3食きちんと食べて、間食は和菓子を中心に1日1回までならOKにしています。

太らないための習慣で、とっておきなのが桑の葉茶。実は患者さんにすすめられたのがきっかけなのですが、食事の際に必ず飲んでいます。桑の葉には、デオキシノジリマイシンという特有の成分が含まれており、これがブドウ糖の吸収を防いで食後の血糖値の上昇を制御するので、結果、脂肪蓄積を抑えることができるのです。さらに、鉄分はほうれん草の約3倍、カルシウムは牛乳の約20倍、ビタミンCはレモンの約1・4倍、食物繊維はゴボウの約6倍と、健康にも美容にもうれしい栄養がたっぷり。

私が飲んでいるのは、粉を溶いて飲むタイプなので、忙しくても手軽に用意することができます。臭みもまったくなく普通の緑茶の味で、自然の素材だから健康的。効果は抜群で、飲み始めてから体重が落ち、太りにくくなりました。

FEMALE DOCTOR FILE
NO.13

小林暁子先生

小林メディカルクリニック東京
院長・理事
内科

毎朝1杯のスムージーで、健やかな美腸に

医師になりたてのころ、仕事が多忙で肌荒れや体調不良が続いていたのですが、原因を突き詰めていったら腸が不健康になっているとわかったんです。そこで、外食から自炊に変えて、フルーツや野菜のスムージーを作って飲むようにしたら、みるみるうちに体全体が健康的に改善されていきました。

スムージーは、材料に含まれる酵素や食物繊維などで腸内環境を整えてくれるので、美容にはもちろん、ダイエットにもとても効果的。ミキサーですぐ作れるという手軽さはもちろん、生では食べるのが大変な野菜の栄養を丸ごと摂れるという利点もあります。自分の体調に必要な栄養素や、味の好みに合わせて素材を変えられるので、老若男女問わず万人向けのアイテムです。

私はデトックスによい時間帯である朝に、1日の最初の食事として飲んでいます。レシピを研究して、さまざまな食材で作ることで、毎日続けていても飽きずに楽しめています。ほかには、発酵食品を食べたり、食物繊維のサプリメントを摂ったりして、とにかく腸をキレイにすることを意識。仕事上、外食も多いのですが、これで太ることもなく健康な体と肌をキープできています。

小林暁子先生のやせるテクニック

1 美腸スムージーを毎朝1杯

腸内環境を整えるヨーグルトと、酵素がたっぷりのフルーツとの最強コンビで作ります。この目覚めの1杯が脳を活性化させて、便通がよくなり肌も好調に。

おすすめは、フルーツをいちごとブルーベリーにするレシピ。甘いのでデザート感覚で飲めますし、いちごにはビタミンが、ブルーベリーには食物繊維が含まれているので美容にも効果的。また、ゴボウとプルーンの組み合わせも、食物繊維と鉄分が豊富で女性向き。ゴボウがなめらかになるまで、しっかりとミキサーにかけるのがコツです。ほかにも、たくさんのレシピを自著『美腸ダイエット』(世界文化社)に載せていたり、表参道の〝アニヴェルセルカフェ〟ではスムージーのレシピを監修したりしています。

2 ファイバーサプリで、腸をお掃除

クリニックの便秘外来でも処方している〝ファイバープロ〟で、水溶性食物繊維を補充。天然グァー豆由来の食物繊維で、体に優しく効果抜群。便通がスムーズになります。

むくみは代謝低下の要因。翌日に持ち越さない‼

長時間、同じ姿勢のまま、さらには空調により冷えるなど過酷な条件のもとに働く女医たち。ほとんどの人が〝脚のむくみ〟を訴えていましたが、実際にはスラッと引き締まったラインの人ばかり。その理由は、1日のむくみは翌日まで持ち越さずに、必ず解消していたからでした。そんな女医たちの数々のケア法をここで紹介‼

▼夜の着圧ソックス　診療中は座りっぱなし、オペでは立ちっぱなしと、仕事柄、脚のむくみはつきもの。そのケアとして、取材した女医の6割が使用していたのが寝るとき用の着圧ソックス。〝はいて寝るのとはかないのとでは、翌日の脚の太さが全然違う〟〝絶対欠かせません！〟と、絶賛の声。

▼クラランスのボディケアアイテム　フランスの高級コスメブランド「クラランス」のボディケア化粧品は女医たちの間で大人気。引き締め効果のあるボディ用クリームやマッサージ器で毎日ケアしている人が多数。〝続ければ必ず効果が出る〟と大きな信頼を集める。

▼足指ストレッチ　穴に足指を差し込むだけで、こわばった指先も無理なく開くアイテムを使ってストレッチをしている女医がたくさん。足首回しも組み合わせると効果的。

▼ゴルフボールエクササイズ　身近にあるものを代用して賢くエクササイズをしている女医も多い。ゴルフボールを足先でつかむようにしてストレッチ&足裏マッサージ。何かをしながらでも実践できるプチエクササイズ。

Female Doctor File
No. 14

湘南美容外科クリニック
美容外科　美容皮膚科
奥村智子先生

脂肪を蓄積するホルモンを操る、オリジナルの1時間100kcalルール

10代からダイエットマニアだった私が、運命のやせテク〝1時間100kcalルール〟を思いついたのは医学部時代。これは食事を1日4~5回に分けて、1時間につき100kcal以内になるように計算して食事をとるというもの。カロリーを一度に大量摂取すると血糖値が急激に上がり、脂肪を蓄積するホルモンであるインシュリンが作用します。だったら小分けにして食べて、このホルモンを働かせなければいいわけです。何を食べるか、何kcalあるのかも意識するようになるので、自然に食生活が整います。このルールを死守し、運動や睡眠などの生活習慣改善とも組み合わせたら、なんと1年で8kgダウン！　現在も体型キープのために続けています。

運動はウォーキングが効果的。毎日30分は歩きます。時には実在の建物や通りを巡るスマホゲーム〝Ingress〟をしながら、2時間歩いてしまう日もあります。

さらに、全身鏡での体型チェックを習慣に。些細な変化であっても目をそらさず、気づいたら即ダイエットを強化します。体をつまんで脂肪の量を確認したり、体重計に乗ったりすることも重要。また、睡眠時間が少ないと血糖値が上昇し、インシュリンが分泌されて太りやすくなるので、毎日規則正しく、7時間は寝るようにしています。

奥村智子先生の1時間100kcal食日記

1時間につき100kcal分のエネルギーしか摂取しないように食事をします。例えば300kcalのものを食べたらそのあと3時間は何も食べません。起きている時間が16時間と計算すると1日トータル1600kcalを目標に、なるべく小分けにして食べます。

《1日目》

◆**8時　卵かけ玄米ご飯ちりめん山椒のせ　300kcal**…栄養満点で便秘予防にも効果的な玄米をメインに和風の朝食。炭水化物はエネルギーが必要な朝に食べます。

◆**11時　オクラ、サニーレタス、ラディッシュのサラダ　300kcal**…早い時間のランチは野菜を中心に。塩分や油分を摂りすぎるドレッシングは使わずスプレー状オリーブオイルでカロリーダウン。

◆**14時　イベリコ豚タン、フリルレタス、ブリー・ド・モー(チーズ)のサンドイッチ　300kcal**…カルシウムが摂れるチーズ、ビタミン豊富なレタス入りのサンドイッチを。噛む回数が増えるハード系のパンをセレクト。

◆**17時　オクラと山芋のおひたし、ブラウンマッシュルームとジャガイモのオーブン焼き　200kcal**…今回は野菜類のみ。オーブン焼きは油を使わずヘルシーなのに満足感たっぷり。オクラは歯ごたえで〝食べた〟感も味わえます。

◆**19時　さんま、玄米ご飯、納豆、豆腐の味噌汁　500kcal**…コレステロールを下げてくれるEPAやDHAを豊富に含むさんまを主役に、副菜には整腸作用のある納豆を。

《2日目》

◆**8時　カスピ海ヨーグルト(スキムミルク、きな粉**

&ゴマ入り）　300kcal…便秘解消に効果的なヨーグルトは積極的に食べます。スキムミルク、ビタミン&ミネラル豊富なきな粉やゴマをたっぷり混ぜて。

◆11時　フランスパンにドライトマトのオリーブオイル漬け、カフェオレ　500kcal…栄養分が濃縮されるドライトマト。フランスパンはしっかり噛めるので腹持ちもよい。カフェオレで糖分をプラス。

◆16時　筍の梅肉和え　50kcal、昆布ときのこのおにぎり　100kcal、からすみのおにぎり　100kcal、ちりめん山椒のおにぎり　100kcal…おにぎりは食物繊維が豊富なきのこ、カルシウムの摂れるちりめんじゃこなど、具に気を遣っています。梅のクエン酸で疲労回復効果も狙います。

◆19時半　ソテーした温野菜のサラダ（ヤングコーン、ズッキーニ、エリンギ、パプリカ、からすみ和え）300kcal、クロタンチーズのオーブン焼き　150kcal…夜は野菜中心に。色鮮やかな緑黄色野菜をたっぷり入れて、見た目も楽しみます。山羊のミルクから作られるクロタンチーズは、オーブン焼きにすることで脂質を減らす効果も。

《　1時間　100kcalルール　Q&A　》

Q…どうしても甘いものが欲しくなったらどうしたらいい？

A…フルーツを一緒に摂れるスイーツをチョイス▼例えばアイスに果物をのせたり、フルーツタルトを選んだり。フルーツを必ず組み合わせる分、脂質や砂糖の量を減らせます。

Q…自炊のとき低カロリーに抑えるコツは？

A…オイルスプレーでカロリーダウン！▼使用する油は、オレイン酸を多く含むオリーブオイル。さらにドバッと出すぎないよう、容器をスプレータイプにして、使う量を少なくしています。

Female Doctor File

No.15

銀座ソラリアクリニック
院長
美容皮膚科
西池英里子先生

酵素を活用した健康的な消化吸収でやせ体質へ

美ボディをキープするために、腸内バランスを整えて、栄養の消化吸収と排出をスムーズにしています。欠かせないのは、野菜や果物を使った酵素ジュースや、味噌や酒粕、納豆などの酵素食品。これらはどれも低カロリーで量もたっぷり摂れるので、満腹感を得られます。外食で好きなものをいただいても、翌朝を酵素ジュースだけにしたり、味噌などを使った和食にしたりして、腸への負担を調整すれば太りません。

自炊で気をつけているのは、旬の食材を使うこと。同じ食材でも、旬の時期には他の季節よりも体によい成分がたくさん含まれますし、季節を感じることで心も潤います。そして、味はもちろん彩りや盛り付けまで工夫すると、目でも楽しめるのでゆっくり丁寧に食べるようになり、結果、少量でも満足します。

あとは日々の生活で、できるだけ自律神経を整えること。なかでも副交感神経の働きを高めて血行や腸の働きをよくすると、免疫力が上がり、代謝がスムーズになるんです。そのためには、心を整えることが大切。呼吸が浅くならないように、ゆっくり息を吐いて深呼吸を心掛けたり、ストレッチをしたり。また、夜のリラックスタイムを大切にして、質のよい眠りを得るようにしています。

酵素活用&低カロリー　西池英里子先生の美腸な食生活ウォッチング

毎食、メニューに酵素を取り入れて、食べすぎたら翌日必ず調整します。寒くなる季節は特に、体を冷やさない和食を中心に。ここでは、ある1週間の食事の中から特長的なメニューをピックアップしてご紹介します。

《 月曜日・夜 》

ネギと味噌の油揚げはさみ焼きの半熟卵のせ、ひじき、煮物、あおさの味噌汁、銀杏の塩焼き、ネバネバ漬け物(オクラ、キュウリ、山芋の浅漬を細かく刻んだもの)、十六穀米…野菜や海藻、大豆など、ヘルシーな素材で多品目。ひとつひとつは低カロリーでも、いろんな食材を目で舌で楽しめるので、満足感が高まります。味噌を使った焼き物や味噌汁、漬物で酵素をカバー。

《 火曜日・夜 》

近江牛ステーキ、生野菜、フグ刺し、松茸料理、さんまの炊き込みご飯など…夫と外食。お気に入りの割烹で、旬の魚や肉をお腹いっぱいいただきます。付け合わせの野菜もたっぷり食べて、酵素を積極的に摂取します。

《 水曜日・朝 》

ピーチ・ヨーグルト・牛乳の手作りフレッシュジュース…昨晩食べすぎたので、酵素たっぷりの白桃ジュースのみ。ヨーグルトを入れて乳酸菌とカルシウムも補給します。

《 水曜日・夜 》

焼き鮭のせ玄米雑炊、生もずく三杯酢のきざみ大葉のせ、煮豆…2日連続の食べすぎは防ぎたいので、外食の翌日は夜も低カロリーに。消化がよく、腹持ちのいいメニューで調整します。

《木曜日・朝》

野菜のテリーヌ、ベーグルサンド…テリーヌは、その時々の旬の野菜を数種類、味付けしたゼラチンで固めるだけなのでとても簡単。作り置きして、1週間ほどで食べきります。時にはおやつにすることも。これを挟んだベーグルサンドは、朝の定番メニュー。酵素を無理なくたっぷり摂れます。

《木曜日・夜》

刺し身、西京焼き、漬物、ほうれん草のおひたし、きのこの炊き込みご飯、味噌汁…カロリー調整したいときは、魚メインの和食にします。発酵食品の味噌を使った西京漬けに、味噌汁、刺し身で酵素をトリプル補給。

《金曜日・夜》

ロールキャベツのトマト煮込み、パン、人参のマリネ…野菜と肉をバランスよく摂れるロールキャベツは、洋食でもお気に入り。人参のマリネで酵素もしっかり取り入れます。

《土曜日・朝》

いちじく・りんごの手作りフレッシュジュース…夜は外食なので、朝と昼は控えめに。朝は旬のフルーツを使った酵素たっぷりのジュースで、腸を整えます。

《日曜日・夜》

豆腐と野菜のハンバーグ、ひじき、ナスの煮浸し、人参のマリネ、玄米ご飯…前日に外食で食べすぎたので、和食で調整。酵素が摂れるおかずは人参のマリネ。豆腐ハンバーグは、低カロリーで腹持ちもいいのでおすすめです。

FEMALE DOCTOR FILE

NO.16

祖父江千紗先生

ドクターマリクリニック

毎朝必ず摂る良質タンパク質で脂肪燃焼！

太らない体づくりで重視しているのが朝食。6時起きで料理して、たくさん食べます。また、一日を通して食事内容を以下の8ルールで調整しています。

①美肌や筋肉をつくる素であるタンパク質をしっかり摂る。体に筋肉がちゃんとつくと、それだけで代謝や脂肪燃焼効果がアップします。肉や魚がなくても対応できるように、納豆、豆腐、豆乳は、冷蔵庫に常備しています。

②ご飯は玄米。栄養価が高く、低GI値なので肥満防止になり、少なめでも満足感が。

③甘味は、砂糖ではなくハチミツで。肥満につながるインシュリンの大量分泌を防ぎます。

④生で摂る油は、オメガ3や酸化しにくいオレイン酸を含むアマニ油かオリーブオイル。

⑤炒め油も酸化を抑えるために、熱に強く健康によいゴマ油かオリーブオイルを。

⑥ドレッシングは毎食手作り。油の酸化が気になる既製品よりも、新鮮でおいしい！

⑦甘いものは休日の午前だけ。食べないことに慣れると、意外と欲しくなくなります。

⑧外食の場合は、ストレス発散の意味もこめて、内容も量も気にせず楽しみます。

お腹に溜まるタンパク質のおかげで満足感が高く、ストレスはなし。あとは早寝早起きや、鏡での体型チェックなど、細かい生活習慣でやせ体質をキープしています。

祖父江千紗先生のタンパク質重視の朝食日記

同業で帰りが遅い主人のために、栄養管理を朝頑張っていたら、いつのまにか、この朝食重視の食スタイルになっていました。タンパク質の量と種類は、前後の食事やその日のスケジュールによって調整します。例えば夫が当直の日は、スタミナをつけられるようにボリューミーにして、自分の分だけ作る日は簡単に。朝だからといって同じメニューにはせず、さまざまな食材で飽きないようにしています。

《 1日目・週に一度のお魚メニュー 》

鮭の石狩汁、玄米、梨…週末にまとめて食材の買い物に行くので、新鮮な魚が食べられるのはこの月曜日だけ。鮭の石狩汁で、タンパク質を補給します。人参、ゴボウ、玉ねぎ、エリンギなど、根菜やきのこ類で食物繊維もたっぷり。

《 2日目・食べやせ朝食ビュッフェ 》

温&冷野菜サラダ5種、チキン…学会のため、宿泊先の都内のホテルで。炭水化物は控えめにしながら、野菜はたくさんの種類を摂り、オリーブオイルをたっぷりかけていただきます。もちろん、肉は積極的に摂ります!

《 3日目・二日酔いの朝のやせ対策 》

アサイー・ヨーグルト・豆乳の簡単スムージー…胃に負担をかけないように、また前夜摂りすぎたカロリーを調整したいため、ジュースのみで済ませます。

《 4日目・自分にご褒美ブランチ 》

りんご・バナナ・キウイ・オレンジなどフルーツの盛り合わせ、トースト、コーヒー…休日の朝は、行きつけのコーヒー屋さんでいただきます。パンはバターを控えめにオーダーして、余分なカロリーをカット。コーヒーは豆乳ラテにして、タンパク質をプラスします。

《 **5日目・パワフル肉ごはん** 》

タンドリーチキンと蒸し野菜、玄米、キウイ…この日は夫が当直のため、塩麹とスパイスにひと晩漬け込んだタンドリーチキンで、パワーブレックファースト！乳酸菌の働きで、便通もよくなります。

《 **6日目・ボリューミィ朝寝坊ブランチ** 》

ウインナー、キャベツ・キュウリ・トマトのたっぷり生野菜サラダ、小倉トーストのクリームチーズ添え、豆乳ラテ…いつものコーヒー屋さんで。昼食と兼ねているので、肉・チーズ・豆と、タンパク質をたくさん摂れるボリュームセットをオーダーしました。

《 **7日目・ひとりの日のお手軽やせごはん** 》

クルミとチーズのトースト、温&冷野菜、バナナと小松菜と豆乳のジュース…主人が当直や出張で不在の朝はご飯を炊かずに簡単に済ませますが、栄養バランスには手を抜かず、しっかりいただきます。チーズとクルミで良質な油を摂りながら、ジュースでタンパク質を手軽に補給します。

《 **8日目・飲み会の日の朝ごはん** 》

根菜としいたけの味噌豆乳スープ、きんぴらごぼう、玄米、梨…夜にたっぷり食べられるよう、朝は摂取カロリーを少なめにしておきます。具だくさんのスープは、それでも高タンパク質で満足感も得られるのでお気に入りのメニュー。きんぴらごぼうで食物繊維もしっかり摂ることで、腸を整えます。

FEMALE DOCTOR FILE

No. 17

昭和大学附属病院
皮膚科

上岡なぎさ先生

満足度を高める、五感で楽しむ時短やせ食

1～2日単位で食事のボリュームに増減をつけて、全体の摂取カロリーを調整しています。この方法なら、ストレスなく食べたいものを食べられます。ポイントは、自炊で低カロリーながら豪華で食べごたえのある料理を作ること。見た目の美しさや、香り、味、食感のバラエティを豊かにすれば、五感全体で楽しめるので満足度もアップ。簡単に調理できるようレシピを工夫したり、多めに作っておいて翌日リメイクしたりすると時短になり、当直明けの疲れている日でも手軽にできます。

普段は仕事で忙しいため、同時に気をつけているのがストレス対策。ストレスを溜めると長続きしないので、外食時には楽しくしっかり食べますが、予定のない日はシンプルな食事にして、メリハリをつけています。また、時にはダメな自分も許すこと。心身が疲弊したときは無理せず自分をいたわります。元気になったら、また頑張ればよし！という大らかな気持ちが、美への近道になります。

そして、美を目指す気持ちを楽しむことも大切ですね。おしゃれや肌のメンテナンスなど、女性に生まれたことを楽しむ時間を持つようにすると、前向きな気持ちになれて、美容にもいっそう効果的だと思います。

上岡なぎさ先生の五感刺激&量調整メニュー

見た目や味に凝って、五感全体で食への満足度を高めます。また、ハイカロリーな食事は前後で調整して、太らない食生活に。ここではある5日分のメニューをご紹介します。

《 1日目・当直日の低カロリー食 》

◆**朝　大葉・みょうが・アボカド・トマトのサラダうどん**…切って和えるだけなので時短。トマトのリコピンは抗酸化作用があるので、ほぼ毎日摂取するようにしています。

◆**昼　野菜ジュースと小魚&ナッツのスナック**…多忙で食事に行けず。野菜ジュースは果糖が多いので、野菜としてではなく、あくまで糖質とビタミン補給としていただきます。

◆**夜　せいろそば**…当直中の夜食は出前が定番。高カロリーの中華や丼は避け、低GI値のそばに薬味をたっぷりプラスします。

《 2日目・当直明けは、賢くパワー補給 》

◆**朝　酵素ジュース**…当直明けは、胃と肌を癒す専門店のフレッシュジュース。低速ジューサーを使っているので酵素もたっぷり摂れます。

◆**昼　パンケーキとジャーマンポテト**…時々食べたくなるハイカロリーメニュー。太らないために活動量が多い日中のランチで摂るのがポイント。

◆**夜　パプリカとズッキーニの焼野菜、サンタフェソース**…仕事が長引き、22時過ぎに。量はあるけどソースと見た目に凝った野菜のみのレシピで、摂取カロリーを抑えます。

《 3日目・脂肪燃焼と老化防止を両立! 》

◆**朝　冷製パスタ**…前日のサラダにサーモンとトマト

を加えて美肌力アップ。サンタフェソースにはレモン汁と塩こしょうを少しプラスして、さっぱりと仕上げます。

◆**昼**　**焼きサバ定食**…脳の老化を防ぐDHAをサバで摂取！　夜は飲み会なので炭水化物を減らしておきます。

◆**夜**　**ラムチョップ、地鶏ささみ、野菜ピクルスなど**…飲み会では、大好きなお酒もお肉も制限なしで、存分に楽しみます！　メインは、脂肪燃焼効果のあるカルニチン豊富なラム肉で。

≪　4日目・昼夜でつじつま合わせ　≫

◆**朝**　**ブルスケッタとサラダ**…前日の野菜ソースを、ガーリックトーストにのせて。少し取り分けたサラダには、ヨーグルトを加えて腸内環境も良好に。

◆**昼**　**小魚と茎わかめとヘルシア**…外来が大混雑で外出する時間がないのと、夜はパーティーなので控えめに。小魚と茎わかめをよく噛んで、満腹中枢に働きかけます。

◆**夜**　**ビーフシチューやフォワグラ、サーモンのテリーヌにアワビなど**…立食パーティー。ハイカロリーなので量に気をつけながらも五感で楽しみます。

≪　5日目・仕事疲れをデトックス！　≫

◆**朝**　**焼麩のお吸い物、納豆、マンナンご飯、薬膳ふりかけ**…疲れ気味の日曜朝はシンプルな和食。ふりかけには、松の実・クコの実・山椒・ウコンが入っていてデトックス効果が期待できます。

◆**昼**　**鴨せいろうどん**…食材買い出しの合間の軽めランチ。半麺にしてカロリー調整。

◆**夜**　**サラダとハーブティー**…1週間の疲れをオフするデトックスコンビ。サラダには、びわ酢とトリュフオイルのドレッシングで嗅覚を刺激し、満足感をアップさせます。

FEMALE DOCTOR FILE

No.18

日本医科大学付属病院
形成外科　美容外科
桐生有紀先生

シンプル自炊と食べ順調整で、太らず満腹に

自炊がメインで、旬の素材を中心に栄養バランスよく、特に野菜は種類と量を多く摂るようにしています。調理法はルクエ（電子レンジで調理するシリコン・スチーマー）を中心に、余計な油を使わずカロリーをカット。よく噛むように材料を大きく切って、満腹中枢も刺激します。品数の多い食事は準備が大変では…と思われがちですが、例えばスープはたくさん作り置きして、味を変えて2日は楽しんで手間を省きます。休日に下ごしらえをして冷凍庫や電子レンジもフル活用するので、毎食10分以内で準備完了。

太らないようにするには、食べ方も重要。まずは食べる順番に気をつけること。血糖値の急激な上昇を防いで、体脂肪の合成を緩やかにするため、食物繊維→タンパク質→炭水化物の順は厳守します。次に、1日3食しっかり食べて、食間は6時間以上空けないようにすること。長時間食べないと、体が飢餓状態になって脂肪を溜めやすくなったり、食べ物のエネルギーを必要以上に吸収しやすくなったりするからです。

また、自炊だけに偏らず、たまには定期的に外食することもおすすめです。おいしい食事は自律神経を刺激して、エネルギー代謝を高めることができますし、プロの味つけや盛り付けは勉強になるので、自炊のレベルアップにも役立ちます。

桐生有紀先生の太りにくい体になる食事を分析

極力素材の味を生かし、栄養素の損失を防ぐため加熱を抑えることがお約束。ある日の朝と夜の自炊をご紹介します。

《 朝 》

激務もこなせるように、腹持ちと栄養素のバランスがよくなるよう調整します。

◆**活動力の素、ささみサラダ**…最初に食べるのが山盛りサラダです。仕事がハードなのでささみでタンパク質を補給します。野菜は、トマト、レタス、玉ねぎ、かぼちゃ、人参、ジャガイモと、いろんな種類を入れて、彩りも栄養も豊かに。

◆**代謝を上げる豆乳バナナジュース**…代謝や便通改善の効果が。バニラエッセンスの香りで、甘さをプラスします。

◆**美肌に効くマッシュルーム**…塩・こしょうだけの簡単調理。低カロリーでも栄養豊富なやせ食材。

◆**栄養バランスの良いカマンベールチーズ**…カルシウム&ビタミン補給に。デパ地下でおいしいチーズを調達!

◆**全粒粉の手作りパン**…食物繊維が摂れる全粒粉パンに、砂糖なしの手作りりんごジャムをのせて。

《 夜 》

仕事で帰りが遅くなっても、ルクエと電子レンジを活用すれば時短に。素材の品目数と、こちらも栄養素を重視して調理します。

◆**脂肪を燃やすサバの塩焼き**…脂肪燃焼効果の高い旬の青魚で、DHAとEPAを補給します。

◆**塩分控えめ煮野菜**…蒸した野菜(人参、絹さや、しいたけ、姫タケノコ)をだしでさっと煮たものをサバの付け合わせに。よく噛むよう硬めに調理します。

◆玄米ご飯で体内掃除…週に一度、たくさん炊いて冷凍します。腹持ちもよく、体内の不要なものを排出してくれます。

◆〝飲むサラダ〟マテ茶…ビタミン、ミネラル、クロロフィルが豊富で、脂肪燃焼効果も期待できるので愛飲しています。

◆10種類以上の旬野菜…毎日10種類以上の蒸し&生野菜を、バーニャカウダか味噌でいただきます。この日は、とうもろこし、ブロッコリー、ジャガイモ、ズッキーニ、人参、キュウリ、パプリカ(赤・黄)、かぼちゃ、トマト、エリンギ。必ず入れるのが、抗酸化作用や美容効果が高い赤い野菜。また、ジャガイモやかぼちゃなど、炭水化物系は主食感覚で。血糖値を急激に上げないよう、量を控えめにして最後に食べています。

◆食べごたえ抜群の野菜スープ…右記の蒸し野菜を一部小さく切り、自家製のブイヨンで煮込みます。多めに作って、翌日もいただきます。

《 自炊生活6つのポイント 》

1 〝やせるだし〟が味の要…食欲を抑制する効果があるかつおと昆布でだしを作り、小分けして冷凍保存しています。

2 玄米+きのこが主食…栄養、腹持ちのよさ、食物繊維の多さなど、美容食に欠かせません。

3 21時以降は特別・深夜食…美肌を意識してフルーツとアミノ酸サプリメントのみに。

4 切るだけ時短クッキング…野菜を大きく切ってルクエでチン。余ったら、翌日のスープや煮物などへのリメイクも簡単です。

5 買い物前に旬の素材をアプリでチェック…旬の素材はおいしく、栄養価も高いので積極的に使用。生理周期のアプリと併用して、食事量も調整します。

6 良質なオイルを少量使う…エキストラバージンオリーブオイルなど、体によいものをチョイス。使うときは量を少なめに。

FEMALE DOCTOR FILE

No.19

ささざわ歯科医院
副院長
歯科

笹澤麻由子先生

腸を意識して“ながら運動”で体幹を鍛える

美肌や筋肉をつくる栄養を消化吸収してくれる腸。不調だと美は損なわれますし、便秘になると太りやすくなるため、とても気を遣っています。運動は、腸に刺激を与えられるので体幹を鍛えることを中心に。手軽にできるエクササイズアイテムを自宅に揃えておき、何かのついでに〝ながら運動〟をするのが習慣です。

例えば、家族とおしゃべりしているときは、バランスボードに乗ります。すると、15分ほど揺れているだけでも、心地よい疲労感が得られます。

また、テレビを見るときはバランスボールに座ります。バランスを崩さずピンとした姿勢で座っていられるようになると、体幹が鍛えられているのを実感できて、楽しくなってきます。最近では、愛犬を抱いたまま座って難易度をアップさせているほど。

さらに、就寝前のリラックスタイムは、ヨガのポーズで過ごします。ヨガは体幹を鍛えるだけでなく、全身のメンテナンスにも最適です。

腸の働きをよくするために、食事にも気をつけます。酵素を積極的に摂り、よく噛むことで唾液分泌を促し消化をサポート。咀嚼《そしゃく》は満腹中枢を刺激するので、食欲が旺盛なときでも、大食いを防げます。

FEMALE DOCTOR FILE

No.20

神奈川県内病院
眼科

大島由莉先生

食事制限に頼らず産後太りを解消したやせ生活

33歳のときに、妊娠・出産で太ってしまったことを機に、ダイエットを始めました。目標は、ただやせるだけではなく、20代の激務で酷使した体を健康体へ戻すこと。そこで、ウォーキングやヨガといった有酸素運動で基礎代謝アップに挑戦して、無理のない範囲で生活習慣を改善しました。コツコツ1年続けたら、食事制限はそれほどしていないのに、妊娠時の＋10kgが元どおりに！

1 ガス入り硬水をこまめに飲む

ガス入りの硬水は腸の収縮運動を促すカルシウム、代謝に関わる酵素を活性化するマグネシウムが豊富で、ダイエット中不足しがちなミネラルが補える優秀な飲み物。ガスでお腹も膨れるので、食事量を減らせる効果も。

2 毎朝15分の軽めヨガ

有酸素運動で効率よく脂肪を燃焼。内臓を活性化させるポーズなどを中心に行っています。骨盤が締まりやすく調整しやすい朝にやることで、やせやすい体へと変化しました。

3 30分の半身浴&マッサージ

冷え性の解消とリラックス効果を高めるために始めた半身浴。アロマオイルやバスソルトを入れ、発汗でデトックス効果を促しています。体内の新陳代謝もぐんぐんアップ。お風呂の中ではリンパを流す脚のマッサージを5分程度行っています。

Female Doctor File

No.21

神奈川県内病院
耳鼻咽喉科

秋山理央先生

スムーズな代謝で研修医時代の体重増がチャラに！

大学時代にはまっていたジム通いを、研修医時代に忙しくてストップしたら太ってしまい…。そこでジムを再開、さらに食事の摂り方などに気をつけて、スムーズな代謝を身につけることで体重を落としました。やせたあとも、むくみ解消の漢方〝防風《ぼうふう》通聖散《つうしょうさん》〟を飲んだり、おやつをナッツにしたりと、細かいやせテクで体型を維持しています。

1 エンダモロジー後に筋トレ！

リンパの流れを改善し、セルライトをもみほぐすエンダモロジー。直後に筋トレやマシンでの有酸素運動をすると、効果がさらに高まっている気がします。半年で、太ももがなんと3㎝ダウンしました。

2 食事はいつも生野菜から食べる！

生野菜は酵素を豊富に含むので、先に食べるとそのあとの食物が消化されやすくなります。食べる前の食欲も、そこである程度は落ち着くので、大食い防止の効果も。さらに夜遅い日の食事は炭水化物を抜き、サラダとお味噌汁だけにします。

3 むくみ対策は加圧レギンス

「たくさん歩くぞ」という日は、エンダモロジーのサロンですすめられた、ビメンドの〝レッグスリムレギンス〟をはきます。適度な締めつけ感で、ヒップから足首まで下半身が全体的に引き締まります。一日中むくみなしで、痛くなることもありません。

FEMALE DOCTOR FILE
No.22

榮森景子先生

国立病院機構
西新潟中央病院
小児整形外科

変動が激しい体重も、ピタッと一定にする筋肉づくり

整形外科医として働き13年目。働き始めたころは、仕事のペースがつかめず食事がおろそかになったり、はたまたストレスで暴食したりと、バランスの悪い食事でやせたり太ったり…。そこで、健康的にならなければと食事法を調整。まずは夜の食事を減らし、和食中心のメニューへ変更しました。さらにコアリズム、自転車通勤など筋肉を動かすことを組み合わせたら、ベスト体重で安定するようになりました。

1 豆製品を積極的に摂る

1日を通してなるべく豊富な種類の食材を摂るように意識していますが、なかでも豆は、筋肉の素になるタンパク質と、食物繊維が効果的に摂取できるので多めに。煮豆、豆腐料理、おからクッキーなどをよく作ります。

2 週末の空き時間にコアリズム

激しい運動でなくても、体幹筋を鍛えれば脂肪が燃えやすい体になり、健康的にやせられます。これでウエストが確実に細くなりました。ひと汗かいてからお風呂に入るのがお約束。

3 勤務中は傾斜付きシューズ〝ロシオ〟

かかとがなく、自然と背筋が伸びた姿勢をキープできるシューズ。1年に1足履きつぶすほど愛用しています。足の疲労が緩和され、体幹も鍛えられている気がします。

FEMALE DOCTOR FILE

NO.23

神奈川県内病院
放射線科

須藤暁子先生

結婚式に向けて6kgやせた、オリジナルメソッド

放射線科医とともに、別のクリニックでの内科医も兼務し、家庭では二児の育児に奮闘。忙しいのは昔からで、特に研修医時代は、夜食続きで体重が6kgも増加しました。しかし結婚が決まり、あわててダイエットを開始。まとまった運動時間をとりづらかったので、階段昇降やお尻たたきなど〝隙あらば運動〟で理想体型まで戻しました。

1 食事を写メ撮り&日記に

ブログ用に撮り始めたのがきっかけですが、食べたものを再確認することで、自ずと食事バランスが整った気がします。自炊のときは見た目の彩りも意識するので、以前よりも緑黄色野菜を多く摂るようになりました。

2 オリジナル！ お尻たたき体操

一度できるとなかなか落ちないセルライトは、たたくとつぶれると聞いて即開始しました。立っているときに、大殿筋の脂肪組織を、グーにした手でひたすらたたきます。信号待ちの間、トイレに行く途中…。一瞬たりとも逃しません！ 徐々にお尻が小さくなっている気がします。

3 薔薇香酢で流れのいい体に

家ではバラエキス入りのお酢〝薔薇香酢〟を水で薄めて飲んでいます。ダイエット中不足しがちなビタミンB群の一種、葉酸が入っているので、胎児の発育を助けるとされ、妊娠の備えにもよいところが気に入っています。

FEMALE DOCTOR FILE
No.24

医療法人社団　高輪会
一般歯科　訪問歯科
佐藤美嘉先生

食べ合わせで、体脂肪の増加をブロック！

体と心によいものを、我慢しすぎずに楽しい空間で食べることを大切にしています。ただ、おやつはお茶や野菜と組み合わせて、食べたときに血糖値が急激に上がらないように工夫を。あとは代謝を上げるために、休診日はジムで5㎞走り、お風呂で医学書を読みながら最低40分は半身浴をします。

1 善玉菌&漢方で腸内環境を整備！

プロバイオティクスが豊富で脂肪分0％の、カナダ生まれのフローズンヨーグルト〝ヨーゲンフルーツ〟を毎日食べています。同時に、脂肪&水太りに効く成分〝扁せき〟を配合した漢方薬も取り入れ、スムーズなお通じを保つようにしています。

2 夜のむくみケアでほっそり脚に

むくみは、放置するとセルライトに変貌するので毎晩ケアします。炭酸の入浴剤で冷えを解消してから、寝るときにドクター・ショールの着圧ソックス〝寝ながらメディキュット〟を。これをはくのとはかないのでは、翌朝の脚の太さがまったく違います。

3 太らないスイーツの食べ方

甘いものを食べると血糖値が急に上がり、体が脂肪を溜め込もうとしてしまいます。でも、それは一緒に飲むドリンクで防ぐことが可能。お気に入りは、自由が丘の〝TWG Teaサロン〟の血糖値を上げないお茶。スイーツといただくと太りません。

Female Doctor File
No.25

カイレアクリニック銀座
顧問医師
アンチエイジング内科
美容外科　美容皮膚科

黒田愛美先生

自己管理の徹底がカギ。健康的な食と運動で、ベスト体重キープ

一時期、週4回のジムにタンパク質と野菜しか食べない究極のダイエットで3kgやせたのですが、肌は荒れ、免疫力が低下して発熱。最後には生理が止まってしまうというこわい結果に！　以来、元の体重がベストなのだと理解して、栄養を考えた食事とスタイルアップのための運動を継続しています。

1 ジムは個人トレーナーにつく

今、はまっているトライアスロンのために、アスリート並みのトレーニングを指導してもらっています。個人トレーナーだと逃げ場がないので、早く確実にメリハリボディに変化。体が締まるだけでなく、発汗や冷えの解消など、マルチな効果も出ています。

2 アサイーとオリゴ糖で美容朝食

朝食には、オリゴ糖とポリフェノールたっぷりのアサイージュースをかけた、無脂肪ヨーグルトをいただきます。手間もかからないし、食欲がなくてもさっぱりしていて食べやすく、さらに低カロリーで便通もよくしてくれるので、肌もキレイになるんですよ。

3 炭水化物&脂質抜きでリセット

週末などイベントで食べすぎた翌日は、お昼にきのこ・ささみ・野菜のみの弁当を持参。また、食前にところてんを食べてお腹を膨らませることも。こういう日は、あっさり感と酸味がよりおいしく感じます。ちなみに、夜も会食以外は炭水化物を抜きます。

FEMALE DOCTOR FILE

No.26

秦 由美先生

都内大学病院
皮膚科

不規則な生活で増減しがちだった体重が〝酢〟で安定！

当直勤務があり不規則な生活は避けられないので、ストイックな規則は作らず、そのとき体が本当に必要としていることを吟味するように心掛けています。その結果、疲れが取れて代謝が上がるお酢ジュースや、手作りピクルスなど〝酢〟にはまり、体の内側から健康的になりました。

1お酢料理で代謝をアップ

酢に含まれるクエン酸には、エネルギー代謝を促進する働きがあり、利尿作用でむくみ防止にもいいんです。ドレッシングには明治屋で買ったポンティのバルサミコ酢、自家製ピクルスには飯尾醸造のピクル酢、ジュースにはOSUYA銀座店のデザートビネガーと、お気に入りのものをそれぞれ使い分けています。

2空手やヨガで体幹を鍛える

大学時代から空手を始め、黒帯を取得。空手の動作は、体の中心軸を動かさずに行う必要があるので、インナーコアマッスルが鍛えられ、姿勢がよくなります。また、突きや蹴りの動作では、ウエストや手足の筋肉が引き締まります。

3勉強タイムもEMSで筋肉トレーニング

夜、自宅で勉強しているときは、電気刺激で筋トレができるEMSマシーンを愛用しています。お腹や太もも、ヒップなど気になるところに集中的に使える点も便利です。

FEMALE DOCTOR FILE

No.27

英ウィメンズクリニック
産婦人科　生殖医療科

十倉陽子先生

体の内外からストレスを制して、やせ体質に

当直もある忙しい日々で、つい間食が癖になり太ってしまったことがあります。そこでストレス管理が大切だと実感したので、今は休憩中にヨガをしたり、家では半身浴やマッサージ、休日は森林セラピーで山を歩いたり岩盤浴に行ったり……。さまざまなストレス解消法を取り入れながら、食事や間食も工夫して、スタイルを維持しています。

1 冷えには体を温める野菜ジュース

体が冷えると代謝が落ちて太るので、季節を問わず朝からしっかり温めます。野菜ジュースも材料を吟味。体を冷やす葉ものは避けて、必ず生姜とオリーブオイルをプラスします。すっきりして飲みやすいんですよ。

2 意外な効果！ 森林セラピー

木々に囲まれると気持ちよく、歩くと相当な運動量。坂道では太ももと腰周りが鍛えられます。副交感神経の活動が高まるので、ダイエット中のストレス解消にもぴったり！ 森に行けなくても、緑のある公園を朝散歩するだけでも効果的です。

3 ナッツで満腹中枢を刺激！

おやつの定番はナッツ。高カロリーに思われますが、ゆっくりよく噛んで食べると、少量で満足できて腹持ちもよく、結局はカロリーセーブに。栄養価が高いので滋養強壮にもよいですし、豊富な食物繊維で便秘解消にも役立ちます。

FEMALE DOCTOR FILE

No.28

呂　佐和子先生

都内クリニック
歯科

外食によるプチ増量もこわくない、簡単リセット術

元々体重よりもスタイル重視。ガリガリよりも、女性らしいなめらかなボディが素敵だと思っています。でも24歳ぐらいから外食が増えて、ベスト体重をオーバーしがちに。そこで、栄養バランスの取れた食事にお風呂上がりのマッサージなどを組み合わせ、緩やかに絞りました。

1 ダラダラ食べ防止の歯磨き習慣

ダラダラいつまでも食べていないで、毎食後は速やかに歯磨きをします。脳に食事が終わったという意識づけができるのと同時に、口の中がすっきりするので、もう少し食べたいという欲求が収まります。地味ですが、ムダなカロリー摂取をかなり防げます。

2 生野菜＆発酵食品で酵素を摂る

朝食は、自家製カスピ海ヨーグルトにフルーツやシリアルを加えて、快腸に整えるのが習慣です。昼は手軽なサンドイッチを作りますが、トマトやレタスなど、生野菜をたっぷり入れて酵素を補給することで、消化や新陳代謝をサポートしています。

3 セルライト対策は排出＆引き締め

毎日、お風呂にはしっかりつかって汗をかきます。仕上げに、クラランスのボディオイル〝アンティ オー〟でヒップや太ももをマッサージして、老廃物の排出を促進。入浴後は、〝リフトマンスール ハイ ディフィニション〟で引き締めています。

Female Doctor File

No.29

UC San Francisco
消化器内科

今井光穂先生

忙しくてもできる、小ネタの積み重ねで楽やせ！

普段の生活の行動範囲内でできることをちょこちょこ行うことが、忙しいなかでも体型を保つ秘訣です。ここでご紹介する3つの方法以外にも、食事は野菜から食べる、納豆や味噌などの発酵食品を摂って腸内環境を整える、間食時には必ず温かい飲み物か炭酸水を飲んで、満腹感を得るといったことも実践。どれも簡単にできるものです。

1 漢方で健康的に代謝キープ!

体温が1度下がると、基礎代謝量が13~14%落ちるといわれており、肥満やむくみにもつながります。そこで漢方薬の〝加味逍遙散《かみしょうようさん》〟や〝当帰芍薬散《とうきしゃくやくさん》〟を服用して体温キープ。太りにくくなり、生理痛も軽減されました。

2 噛んで食欲抑制&脂肪燃焼

食べ物をよく噛むと、食欲を抑えるヒスタミンが分泌されます。さらに、脂肪を燃やす褐色脂肪細胞の作用もアップ。だから、小腹が空いたら低カロリーのガムや、塩分控えめの小魚で空腹を紛らわせています。少量で満足できるので、リバウンドも防げます。

3 空腹感を減らす、もたれ仮眠

睡眠不足だと空腹感が25%増すという研究結果があることを知り、寝られるときはすぐに15~20分でも昼寝をするようにしています。ただ、人間の体は60度以上傾くと深い眠りになり起きづらくなるので、完全に横にならずにソファにもたれて寝ます。

Female Doctor File
No.30

医療法人平島会平島歯科
副院長
歯科

石原真理先生

お酒も外食もＯＫ！メリハリ生活で体重管理

私の太る原因は、大好きなお酒やおいしい外食。でも我慢したくないので、筋肉をつけカロリーを消費して、体重管理を怠らないようにしています。そしてダンスが好きで、よくクラブで踊るのですが、筋トレや自転車は踊るための体づくりと考えれば苦にならず、無理なく続けられています。

1 脳&体を目覚めさせる朝筋トレ

腹筋100回、側筋80回、背筋16回を3セット、腕立て伏せ16回は脇を開閉して各2セット、ヒップアップ片足80回ずつ、後ろ腕立て16回を2セット。これで心身すっきり！ハードに見えますが今ではすっかり慣れ、音楽をかけて楽しみながらやっています。

2 食べすぎたら、大豆で帳尻合わせ

外食のリセットはスピードが命！食べすぎても、翌日の食事をコントロールすれば太りません。豆腐や納豆をメインにすると、低カロリーでタンパク質も摂れるのでおすすめです。よく噛んでゆっくり食べれば、満足感的にも問題ありません。

3 通勤中も自転車でエクササイズ

スポーツカーを購入しましたが、うまく運転できなくて(笑)、自転車通勤に変更。立ちこぎや坂道など、いろいろな負荷がかけられるので、太ももの内側が引き締まりヒップもすっきり。ウエストがきつかった診療着も入るようになりました。

FEMALE DOCTOR FILE
No.31

銀座ケイスキンクリニック
院長
皮膚科　美容皮膚科
慶田朋子先生

しなやかな筋肉と温めでかなう、燃焼生活

ダンスやヨガで体幹を鍛えて内側を引き締め、美しいボディラインを保つようにしています。自分の裸を鏡で確認し戒めることも日課。ダンスでは一番太って見えるピンクタイツに白レオタードで踊り、あえて体型をさらけ出すことも！　さらに普段の飲み物はホットにして、代謝を下げないようにします。

1 美肌＆美ボディを磨く純米酒風呂

5年前、ジャズダンスの発表会前に、痛めた腰を早く回復させるために始めたのがきっかけです。真冬でも体が芯から温まり、寒さで溜まりがちな筋肉疲労もすっきり取れて代謝もアップ！　レッスンのときに鏡に映るシルエットも引き締まりました。

2 1日元気でいられる朝イチストレッチ

腰痛対策として、またダンスのパフォーマンスを上げるために、10年前からやっています。代謝を上げる筋肉は、放っておくと硬くなりがちなので、これで女性らしいしなやかな体をつくります。体がすっきり目覚めて、1日元気に過ごせます。

3 運動前後で専用ドリンクを飲み分け

運動前に〝ヴァーム〟を飲んで、脂肪燃焼効果をアップさせ、運動後30分以内に〝アミノバイタル〟を飲んで筋肉疲労を和らげながら、筋肉をつくるためのアミノ酸を効率よく摂取。これを始める前と始めたあとでは、体質が変わるスピードが違います。

Female Doctor File
No.32

コバヤシデンタルクリニック
副院長
歯科

小林恭子先生

相性のよいメソッドを見極め、長く続ける

流行ばかり気にしていた20代とは違い、30代からは自分に本当に合うものを見極め、継続するようにしています。体質改善もそのひとつ。さらに、身近に仲間がいると美意識も高まり頑張れるので、同じ医療系の仕事を持つふたりの妹や、同じ歯科医である主人の姉と情報共有しています。

1 ところてん&ナッツでカロリー調整

太りにくい体質だったのに、30代に入ると食べた分だけ体につき、太るようになったと実感。だから食べすぎたときは、夕飯をドライフルーツやナッツにチェンジ。ところてんに梅ふりかけとお酢をかけたものもお気に入りで、カロリー調整に取り入れています。

2 ムダ肉を寄せつけないバレエストレッチ

頭の先からつま先まで、全身を痛いかなと思うくらいまでしっかり伸ばします。これでかれこれ10年以上、ムダな贅肉もつかず、ウエストのくびれもキープできています。さらに肩こりも解消できて、仕事の疲れも翌日に残りません。

3 美と健康キープ！　毎晩の歯並びケア

歯科医として、美しい歯はマスト。特に歯並びは見た目だけでなく、食事の消化に関わる咀嚼や、骨格の歪みなどにも影響します。私は学生時代に矯正済みですが、今でも夜は歯列が元に戻るのを防ぐリテーナーを装着して寝ています。

FEMALE DOCTOR FILE

No.33

総合病院
乳腺外科

法村尚子先生

好奇心で、自分に合うやせワザをたくさん発見！

いいなと思ったらすぐ試して、結果が出たらゆるく続けるようにしています。ベリーダンスにズンバ、バランスボールやグリーンスムージーなど、今や引き出しはたくさん。あとは毎晩、鏡で全身をチェックして、その日に食べたものをすべて思い出します。すると、次の日の食欲を抑えやすくなるんです。

1 骨盤矯正クッションで下半身美人

使い始めてたった3ヵ月で、お尻の形が丸くキレイに！　しかも、背筋がピンと伸びてお腹もまっすぐになるせいか、下腹部もへこみました。さらに、椅子にべったりと座ってしまわないため、血流が保たれ、足が冷えにくくなったんです。

2 脂肪を燃やすサンドバス

元々汗をかきにくい体質なので、デトックス系のサロンには興味津々。最近のお気に入りは、友人にすすめられて始めたサンドバス。代謝がよくなるせいか、終わったあとは体脂肪率がダウン！　仕事柄よくむくんでしまう脚もすっきりします。

3 洗面所では中腰エクササイズ

歯磨きやドライヤーの最中は、ずっと中腰でいます。1年前、下がってきたように感じたお尻を鍛えたくて始めました。わざわざ時間をとらずにできるのもポイント。ヒップアップだけでなく、太ももの後ろのセルライトが減ったのもうれしい変化です。

FEMALE DOCTOR FILE

No.34

東京都庁
シティホール診療所
歯科　口腔外科
高梨紘子先生

こまめな歯のお手入れで食欲をカット！

食べることが好きなので、食べすぎには常に注意しています。まず、ひとりで食べると早食いやドカ食いになりがちなので、できるだけ誰かとおしゃべりしながら、ゆっくり20分以上かけて満腹感を得るようにします。さらに、温かいものを積極的に摂って、代謝をアップ。食後の歯磨きも、食欲が収まるので欠かせません。

1 毎朝必ず乳酸菌飲料か乳製品を摂る

朝はデトックスの時間なので、ヨーグルトやチーズなど、腸内環境を整える乳製品を毎日摂ります。便通をよくするだけでなく、カルシウムやタンパク質なども摂れるので、仕事前の栄養補給にぴったりです。

2 食前・食後のコップ1杯の水と歯磨き

我慢はストレスになるので、食べたいときはお菓子でも何でも食べますが、必ず事前に水を飲んでお腹を膨らませて、食べる量を減らします。そして食後はすぐに歯磨きをして、食欲をなくすことがお約束。

3 マウスピースとフラフープで食べすぎ解消

矯正後の歯を安定させるためのマウスピースは、装着すると口腔内の違和感で食欲が失せるので、ダイエットにはおすすめです。それでも食べすぎた日は、テレビを見ながら汗だくになるまでフラフープ! 夢中になって回しているうちに、ストレスもすっきり解消できます。

Female Doctor File

No.35

湘南美容外科
クリニック
美容外科

春山　泉先生

食欲と満腹感を無理なくコントロール

食事の30分くらい前に、水と一緒にドライフルーツなどをよく噛んで食べて、お腹をある程度膨らませておくのがおすすめ。あとは、没頭できることをつくって、食欲から意識を逸らすこと。私は出産後、子供服作りにハマり、食事や間食を忘れて朝から晩まで裁縫ばかりしていて、かなりやせました。

1 食べすぎ防止に食事前の〝良質〟間食

よく噛めて、満足感を得られるナッツやドライフルーツなどを水と一緒にいただきます。何種類かストックしておいて、ドライの生姜は甘いので疲れたとき、ナッツは空腹がひどいとき、小魚はイライラ時のカルシウム補給に、などと食べ分けます。

2 食べすぎたら、歩く&筋トレ&ダンス

外食帰りは、30〜40分歩きます。ヒール靴でも大股で歩くと代謝がアップ。自宅では腹筋30回+カーヴィーダンス。二の腕やウエストなど、気になる部分をまとめて鍛えられる動きがあってお気に入りです。

3 おやつは噛みごたえと腹持ちがポイント

仕事の合間のおやつは、噛みごたえがあり、低カロリーなグミと水がメイン。さらに夕方、クリニックのプラセンタドリンクを飲むと、満足感を得られて疲れもふきとびます。自宅では、こんにゃくゼリーからドライフルーツ入りチョコレートまで、カロリーの異なるものを時間や状況によって食べ分けます。

FEMALE DOCTOR FILE

No.36

さくらライフ錦糸クリニック
精神科

高木希奈先生

脳の働きを活用してストレスなく食べすぎ回避！

脳の仕組みを把握して、食事量をストレスなく調整しています。例えば食後のデザートの代わりに、腹七分目の時点でドライフルーツを食べます。すると、脳に〝もう食事は終わり〟とインプットできて食べすぎ防止になるんです。また、精神を落ち着かせるセロトニンを増やすために、大豆や乳製品を食べるのも有効です。

1「食べる日」対策はサプリメントで

食前、または食後に、カロリーカットしてくれるサプリメントを飲んで、余計な分を吸収しないようにします。さらに、食前には水分を摂り、野菜から食べ始めることで、血糖値を緩やかに上げて食べすぎを防止します。

2太らないスタメン食は、野菜たっぷり鍋

夕食では、野菜を多めに摂るようにしています。なかでも冬は、特に鍋率が高め。野菜を圧倒的にたくさん食べられるし、摂取カロリーも少なく済むからです。お肉もできるだけ低カロリーのもの、ささみ中心の鶏肉や豚肉の赤身をチョイスしています。

3Ohana式足もみ&マッサージ

お風呂上がりには世界一痛いと言われるOhana式足もみを。足裏にオイルを塗り、あんま棒でツボをしっかり揉みほぐしたあと、クラランスのスリミング剤で脚をマッサージ。ケア後は不思議と必ずトイレに行きたくなり、むくみがすっきり改善されます。

Female Doctor File

No.37

坂井おとなこども歯科

歯科

坂井典子先生

ファスティングで腸をリセット＆デトックス！

ま（豆、納豆、味噌）、ご（ゴマ）、わ（わかめ、海藻類）、や（野菜）、さ（魚）、し（しいたけ、きのこ類）、い（いも類）を基本に、栄養バランスのよい食事を意識しています。食べすぎたら腸を休ませるために、翌日の朝食を抜くか、半日または1日ファスティングをして、必ず空腹の時間を作ります。

1 ヨガ＋ファスティングジュースでやせ体質に

起床後、朝食前の習慣。7年続けているヨガは、筋肉をキープして太りにくい体質をつくるのに役立っています。また、1年で2kgやせられたファスティングジュースは、腸をキレイに整えてくれるデトックス効果が。体が軽くなります。

2 小腹が空いたら干しいもと甘酒

間食は、健康的で自然なものを選んでいます。干しいものように食物繊維の食品は、よく噛めるので口腔周囲筋が鍛えられ、脳にも刺激を与えることができるんです。甘酒は、砂糖を使わず米と麹だけを使った発酵食品なので、自然な甘みで満足感が得られます。

3 酵素和食が定番やせメニュー

消化を助ける酵素を多く含む食品を積極的に摂りたいので、自家製のぬか漬けを毎晩テーブルに。味噌汁には生姜をすりおろして、体温アップを狙います。なぜなら体温が1度上がると、免疫力は5〜6倍に高まるから。健康的にやせるための必須食品です。

FEMALE DOCTOR FILE

No.38

広島市立広島市民病院
小児科　循環器小児科

竹中美恵子先生

チャレンジ精神で、多種多様なやせテクを備える

友達に聞いたやせ情報や話題のアイテムなどには、積極的にトライ。おやつ代わりのナッツや、お気に入りのハワイの軟水、玄米などの自然食材と、ノンカロリー甘味料や粉末青汁、ファンケルのカロリミットなどの機能性食品の両方を、シーンやタイミングで使い分けて、相乗効果を狙っています。

1 食事のお供に酵素ドリンク＋丸ごとレモン

ハリウッド化粧品の酵素ドリンク〝グリーングリーン〟を飲んでおけば、食事で油ものなどを食べても急激に血糖値が上がらず、摂取カロリーを減らせます。また、レモンを皮ごと食べると、酸味と刺激で過剰な食欲を減退させられるので、習慣にしています。

2 ゴルフボールで足ツボを刺激して食欲抑制

白衣にゴルフボールを忍ばせておき、カルテを書きながら足裏のマッサージに使っています。コロコロと痛気持ちいい程度に、友達に教えてもらった食欲を抑えるツボを刺激。これが本当に効果的で、脚がすっきりほっそりするんです。

3 バスタイムはやせる香りが美ボディの秘訣

アロマセラピーをフルに活用して、入浴中＆入浴後にマッサージ。そして湯船ではしっかり汗をかきます。お気に入りの香りはオレンジなどの柑橘系。この、よい香りに包まれるという単純なことで、ボディラインがよりシャープになるという驚きの変化が！

FEMALE DOCTOR FILE

No.39

デンタルクリニック
サンタクルス ザ タカラヅカ
院長
歯科

能美陽子先生

理想のイメージを強く持ち、簡単なやせ習慣を取り入れる

〝念ずれば花が咲く〟という言葉のように、美しさを保つには、理想のイメージを強く持つことが大切です。そして細かなやせメソッドを、生活習慣として無意識に行うことのできるレベルまで身につけてしまうこともポイント。毎日の体重測定や何度も歯を磨くことなど、誰もが行える簡単なことでも、長年継続していたら美にブレは生じません。

1 耳ツボ刺激で楽やせ＆疲労解消

貼るだけで耳ツボを押せて、やせるのはもちろん、目の疲れや肩こり解消、小顔効果もある〝クリスタルジュエリーダイエット〟。スワロフスキー付きで見た目もかわいいので、毎日つけています。

2 〝美しい歯＝太らない体質〟の法則

食べすぎ防止のために、食後すぐホワイトニング効果の高い歯磨き粉で歯磨きをしたり、小腹が空いたらガムを噛んだり。虫歯や着色汚れを防いで歯をキレイに保つ、という歯科医師として当たり前の習慣が、結果的に食欲を抑えてダイエットにつながっています。

3 微増も見逃さない毎日の体重測定

実は高校生のころから、体重の変化がほとんどありません。その理由は、必ず毎晩体重計に乗っているから。ちょっとでも増えたら、理想体型のイメージが崩れることに危機感を持ち、お菓子を減らしてランニングをして、できるだけ早く戻します。

SPECIAL TALK
番外編

専門家だって、失敗して学び、
そこから自分に適した方法を見つけていた!!

ダイエット話で盛り上がる女医会に潜入!!

ダイエットがテーマの女医会に潜入!!
職場は違っても、女医同士のネットワークは濃密。
専門家ならではの痩身ネタから、最近の愛用アイテムまで、
有益な情報を交換し合う、ダイエット女医会をレポート！

東京国際クリニック 消化器内科 宮崎郁子先生

車通勤から電車通勤にシフトしたら、1日で約5000歩の差が。ほかにも週1回のバドミントン教室やゴルフなどで、楽しく体を動かしている。食事は腹八分目。レストランでは前菜はしっかり食べるけれど、肉類は小さめをリクエストし、脂質の摂りすぎに注意している。

湘南美容外科クリニック 美容外科、美容皮膚科 奥村智子先生

ウエストや脚の太さに変化がないか、鏡でしっかり確認。食事は、野菜や魚を中心に、一度の量を少なく、何回かに分けて食べるスタイル。最近は消化を助ける塩麹のメニューを。仕事のあとは、駅から自宅まで30分、深呼吸しながらのウォーキングでカロリー消費を促している。

神奈川県内クリニック 放射線科 鮫島 華先生

食事は抜かないで、3食で必ず野菜や果物を摂る。お腹が空きすぎないように間食もする。ただし、スナックや甘いものではなく、ナッツや魚肉ソーセージなど。また、朝、体重を測って増えていたら、その日の食事は控えめに。そのほか、睡眠不足だと太りやすいので24時には就寝。

編集部　皆さんから見て、〝このダイエットは意味がない！〟って思うのは？

宮崎　季節の変わり目や暑い季節は、体調を崩して食欲が落ちてやせる人もいるけど、これは危険な状態ですよね。

鮫島　そうそう。女性だと、体重が減ったりして、喜んでしまいがちだけど、本当に危ない！

奥村　一般的に、暖かい時期はやせやすいイメージがあるみたいだけれど、実は体温を上げる必要がある冬のほうが、基礎代謝が高いっていわれているし…。

編集部　食事を摂れなくてやせた場合、脂肪ではなく筋肉が落ちてしまう気がします。

奥村　そうそう、そのとおり！　それで基礎代謝が下がってしまうんですよ。体調が回復して食欲が戻ったら…!?　リバウンド一直線に陥るんですよね。

宮崎　食欲がなくても、ジュースやスープといった喉越しのよいもので必要な栄養を補給するべきだと思います。私は、年中、朝は人参やりんごにハチミツを加えた手作りジュースで、酵素とビタミン類をしっかり摂ってます。

鮫島　宮崎さんと同じレコルトのミキサー、私も使ってる！　ひとり分の野菜ジュースができるからとっても便利。私も朝は、ジュースとヨーグルトですね。

編集部　朝は固形物を摂らないという女医さんは多いみたいですね。

奥村　胃が重いと午前診療が進まないですしね。もちろん当直明けは、食欲もわかないし（笑）。流動食なら、吸収されやすいし、フルーツや野菜の酵素も摂りやすいから。

鮫島　基本普段の食生活はヘルシーだけど、夜は、女医同士でがっつり焼き肉食べに行ったりもするよね。

奥村　そういうときは、脂肪分カットのお薬で油の吸収を防いだりしてますね。

鮫島　私はファンケルのカロリミットをお守り的に持ち歩いてるの。

宮崎　ストイックになりすぎるのもよくないから、ストレスを発散するときは思い切って食べます。次の日に、少しカロリーを控えれば、すぐには太らないし。

編集部　ストレスを溜めないで、大雑把なつじつま合わせがいいのかもしれないですね。

宮崎　脂肪を燃やすための筋肉を保つには、適度な運動も欠かせないよね。私が最近ハマっているのが、バドミントン！　大学時代の部活だったの。動き回るから有酸素運動になるし、二の腕の引き締めにも効く。

編集部　お医者さまって、学生時代は勉強ばっかりしていたのかなというイメージですが、実際お話を伺うと、体育会の部活に入っていた方がとても多くて驚きます。

鮫島　本当に多いですよね！　私はバスケ部でした。大学生になってあんなに走らされるとは、思いもよらなかった！

奥村　私はハンドボール部…のマネジャー(笑)。

宮崎　でもおかげで、基本的に筋肉がついているから代謝もいいし、体をこまめに動かすことが苦にならないみたい。仕事も体力勝負の部分が大きいしね。

編集部　勤務中、階段を上ったり、休憩時間にストレッチをしたりと、細かい運動を心掛けている女医さんもたくさんいますね。

奥村　私はウォーキングを習慣にしています。Googleマップと連動した〝Ingress〟っていうスマホの陣取りゲームがあって、実際にある建物や通りに設定されたチェックポイントを周るんだけど、夫婦で楽しみながら歩いてるの。

宮崎　私はお風呂を活用。香りのいいバスオイルを入れると癒される。イライラすると太りやすくなるホルモンが出るっていうでしょう？

鮫島　太りやすくなるといえば、睡眠時間が短いと、代謝が悪くなって、糖尿病になりやすいというデータが。

奥村　起きている時間が長ければその分、きちんと節制できずに、ムダなものを口にしてしまう危険性も高くなりそう。消化活動が低くなる夜なら、なおさら体重が増えやすくなってしまうからね。

編集部　お医者さんは当直の翌日も、休みにならないこともあるとか。少し寝るだけで、翌日も勤務することもあると聞きます。

宮崎　眠くても朝は気合で乗りきって、生活リズムを崩さないことが何より大切ですね。ハワイ旅行に行ったとき、時差ボケを乗りきるために寝ないのと一緒(笑)。

鮫島　実際、夜10時からは、成長ホルモンが出るから、そのときしっかり寝ていればやせやすくなるみたい。でも仕事をしていると、現実的にそれには間に合わない…。

奥村　私も寝るのは12時過ぎるけど、良質な睡眠をとることでフォローしているかな。寝室には、お香をたいてリラックスしたり。

宮崎　いいね、お香。落ち着いた気分になれそう。

鮫島　春夏はみんな薄着になるけど、エアコンが効き始めると冷えすぎることもある。医者は白衣の下は、結構着込んでたりします。私も、夏でもヒートテックや腹巻きで、完全防備です。

編集部　冷えは本当にダイエットの大敵ですよね。あと、むくみ防止の医療用弾性ソックスを使ってる女医さんも多いようです。立ちっぱなしの手術のときなどは特に。

奥村　体の奥は温めたいけど、ボディラインは隠すと脂肪がつきやすいみたいだから、ミニスカートやショートパンツといった肌見せ服を着て、視線で刺激するのも大事な気がする。

鮫島　ところで奥村さんの白衣ってスリムだけど、どこの？

奥村　ビームスのSSを着てるの。

鮫島　さすが！　さらにスマートに見えるよね。

宮崎　そういえば、私は1年前から半年間、下の歯をプチ矯正したんですよ。そうすると思っていた以上に歯が痛くて、ものが食べにくいから体重が自然にダウンした。

鮫島　それはかなりの裏ワザになるね(笑)。でも、噛み合わせは消化吸収に影響してダイエットにも関わるから、歯列矯正はいいことだよね。

奥村　女医会は、いつもこんな風に、ダイエットの最新情報が交換できるから楽しいよね。

編集部　では最後に、皆さんが今特に〝おすすめ！〟という美の秘訣を教えていただけますか？

宮崎　最近、机の引き出しに常備しているのがカカオ70％のチョコレート。満腹中枢を刺激して過剰な食欲が収まるんです。豊富なタンニンは便秘解消にも効果アリといわれています。

鮫島　私はデスクワークのときには骨盤ベルトを締めて、さらに、椅子には骨盤クッションを置いてます。骨盤を締めることで、お腹ぽっこりを防いでいるの。

奥村　いつもより疲れを感じやすいときに、プラセンタのサプリやドリンクを摂るようにしています。代謝を活発にしてくれる効果があるせいか、体調がよくなり、アクティブになれる気がします。

編集部　素敵な情報、ありがとうございました！

ダイエット話の女医会でわかった
ダイエット成功の5法則

1

朝は流動食で胃腸に負担をかけない

新鮮なフルーツや野菜を使ったジュースで、
栄養素を効率よく摂るのが女医テク。

2

運動やエクササイズで筋量を維持

ウォーキング、ヨガ、スポーツなどで筋肉を鍛えて
代謝のいい体をキープ。

3

早起きはやせ体質をつくる基本

夜寝るのが遅くなっても翌日は早起きして、
やせる生活サイクルを崩さない。

4

1年中お腹と末端を温める

冬はもちろん暖かくなる春夏でも、
インナーや弾性ソックスで冷えとむくみを撃退。

5

デブのもとのストレスを上手に発散

ストレスはダイエットの大敵。
お風呂やアロマで、ゆったり解消する。

EPILOGUE

おわりに

最後までお読みいただき、ありがとうございました。39人の女医たちによる数々のダイエット・アイデア、いかがでしたか?

自分の考えやライフスタイルに合う方法をたくさん見つけていただけたらとてもうれしいです。

女医たちの話を聞いていると、あらためてこう実感します。若々しく美しいボディ作りを心掛けることは、健康なメンタルとインナービューティを手に入れることに直結する、と。

内臓や自律神経の健康を考えた食事法が、内側から輝くような美しさを連れてきてくれるのです。思いつめすぎず、自分の体内からの声に耳を傾け、ヘルシー・ダイエットを続けていきましょう。たまに、食べすぎたり、怠けたりしても必要以上に落ちこまなくてＯＫ！　それが継続的な習慣にならなければ大丈夫。ときどきこの本を開いて、美しさのための習慣づけを行ってくださいね。

明日も、１年後も、３年後も、それ以降もずっと、バランスの取れた体でいられるよう、努力と意識を続けていきましょう！

ＧＩＮＧＥＲ編集部

読めば、やせ体質！
女医たちのやせるテクニック

2015年8月25日　第1刷発行

編者　　GINGER 編集部
発行者　見城徹
発行所　株式会社 幻冬舎
〒151-0051　東京都渋谷区千駄ヶ谷 4-9-7
電話　03・5411・6269（編集）
　　　03・5411・6222（営業）
　　　03・5411・6445（広告）
　　　振替　00120-8-767643

印刷・製本所　大日本印刷株式会社
校正　ぷれす
DTP　STOL

検印廃止

ISBN978-4-344-02810-4　　C0095

幻冬舎ホームページアドレス http://www.gentosha.co.jp
この本に関するご意見・ご感想を、メールでお寄せいただく場合は、
comment@gentosha.co.jpまで。